La novela
y el diálogo de
los textos
Zama
de Antonio di Benedetto

Malva E. Filer

colección **Alfonso Reyes**

La novela y el diálogo de los textos

Zama
de Antonio di Benedetto

Malva E. Filer

EDITORIAL OASIS

n°1

Editorial Oasis
Primera Edición, 1982
ISBN 968-6052-58-5
© 1982, Editorial Oasis
Oaxaca 50-801, México 7, D.F.
Diseño: GLYPHO Taller de Gráfica, S.C.
Impreso en México
Printed in Mexico

Nota Preliminar

Antonio Di Benedetto nació en Mendoza (Argentina) en 1922. En 1940 completó el bachillerato y al año siguiente ingresó a la carrera de Abogacía en la Universidad Nacional de Córdoba, donde permaneció dos años. Prosiguió sus estudios luego en Tucumán, pero los dejó inconclusos cuando decidió dedicarse al periodismo, profesión en la que ya había actuado desde muy joven. Di Benedetto se, ha distinguido como periodista, y ha ocupado el puesto de subdirector del diario *Los Andes*, el periódico más importante de Mendoza, desde 1967 hasta 1976. Paralela a estas tareas en su dedicación a las letras, de la que son testimonio sus cuatro novelas (*El Pentágono*, en su 2da. ed. *Annabella; Zama; El Silenciero; Los Suicidas*) y siete volúmenes de cuentos (*Mundo animal; Grot*, reeditado como *Cuentos claros; Declinación y Angel; El cariño de los tontos; Two Stories; El juicio de Dios; Absurdos*). El escritor mendocino ha recibido, por estas obras, menciones especiales y diversos premios, el más importante de los cuales fue el Premio "Italia-América Latina" de Literatura, otorgado en Roma (1977/78) a la novela *Zama*. *Zama* ha sido traducida al alemán, francés, italiano y polaco. Hay también, versión alemana de *El silenciero* y algunos de los cuentos, como "Caballo en el salitral", se encuentran publicados en varios idiomas. Curiosamente, no existe aún traducción inglesa de ninguna de sus obras mayores, omisión que es de esperar se corrija en un futuro cercano. Antonio Di Benedetto reside en Madrid, donde se ha exiliado luego de sufrir, entre 1976 y 1977, catorce meses de inexplicable encarcelamiento en su ciudad natal. Continúa, en España, escribiendo y publicando sus libros.

Las siguientes páginas son el producto de un continuado interés por la obra de Di Benedetto, cuya lectura había iniciado con anterioridad a los hechos que motivaron su exilio. He trabajado con los textos, y no con la biografía del autor, a quien sólo recientemente conocí en Madrid. Familiarizada con el total de su producción literaria decidí, sin embargo, centrar el presente libro en *Zama*, por ser ésta su obra más representativa, y porque ella ofrecía posibilidades de análisis aún no exploradas. Graciela Ricci, en *Los circuitos interiores. Zama en la obra de A. Di Benedetto*,[1] ha presentado un enfoque arquetípico de la novela. Su libro es, sin duda, una valiosa contribución al estudio de *Zama* y de la obra de Di Benedetto en general. Nuestro ensayo se ha beneficiado del análisis hecho por Ricci pero aporta, al mismo tiempo, datos y puntos de vista no incluidos en él. Antes de entrar al estudio de *Zama*, se considera, en la primera parte, la producción del autor anterior a esa novela, señalándose sus aspectos experimentales, así como los rasgos anticipadores de la obra ulterior. Los capítulos I, II y III se proponen identificar los materiales con los que trabajó el escritor para crear el espacio y el tiempo de su novela. Ellos demuestran el uso extensivo, por parte de Di Benedetto, de textos pertenecientes a la crónica y la historiografía. Al mismo tiempo, se ha destacado la presencia de una problemática hispanoamericana como aspecto significativo de la obra. Sólo después de subrayar estas raíces históricas y americanas de *Zama*, pasamos al análisis del contexto cultural contemporáneo de su escritura (capítulo IV) y, finalmente, al universal simbolismo de sus imágenes (capítulo V). La realización de este estudio, según el esquema mencionado, ha requerido que en él converjan diversos y sucesivos enfoques del mismo texto, a través de los cuales se van iluminando distintos, aunque no contradictorios, niveles interpretativos. La elección de método ha sido dictada por la idiosincrasia de la obra. Responde, por lo demás, al sentido de nuestro libro, el cual se ha propuesto una lectura enriquecedo-

---

[1] Graciela Ricci, *Los circuitos interiores. Zama en la obra de A. Di Benedetto* (Buenos Aires: F.G. Cambeiro, 1974).

ra de las dimensiones y el significado de la novela.

Deseo expresar aquí mi reconocimiento a Antonio Di Benedetto por la gentileza y prontitud con la que accedió a completar la información bibliográfica y a resolver algunas de mis dudas. Su buena disposición y su respeto por la tarea del crítico han permitido que nos vincule una amistosa y productiva colaboración.

I. INTRODUCCION

La obra anterior a Zama. Experimentos narrativos

Antonio Di Benedetto publicó *Mundo animal*,[1] su primer libro, en 1953. Con él iniciaba un intenso período de creatividad literaria que produciría, en el corto plazo de un lustro, dos novelas (*El pentágono*, 1955; *Zama*, 1956), y otras dos colecciones de cuentos (*Grot*, 1957; *Declinación y Angel*, 1958). *Zama* emerge, del mencionado grupo, como su producción más lograda, como la obra en que se evidencia su madurez de escritor. Este juicio, repetidamente expresado por la crítica,[2] encuentra confirmación en el hecho de que la novela, traducida ya a cuatro idiomas, ha conquistado a su autor un merecido renombre fuera de la Argentina. Sin embargo, los otros libros del período indicado interesan, también, al estudioso de su obra, tanto por su carácter experimental, como por tener en germen los temas y los medios expresivos que señalan su producción ulterior.

Mundo animal, escrito y publicado en los mismos años en que aparece *Bestiario* de Cortázar, comparte con éste un clima angustiante y obsesivo, pero difiere del mismo en el lenguaje y la técnica narrativa. En los dos libros, los animales son una materialización de temores irracionales, que invaden o atacan a sus personajes. "Nido de huesos", "En rojo de culpa" y "Bizcocho para polillas" son otras tantas versiones del horror, que el autor comunica con lenguaje descarnado e implacable. Di Benedetto ha utilizado, acertadamente, la palabra "delirio" para describir sus narraciones.[3] En efecto, no hay en ellas, como en los cuentos de Cortázar, un primer plano de "normalidad" o de realidad cotidiana que tranquilice, aunque traicioneramente, al lector.

---

[1] Antonio Di Benedetto, *Mundo Animal*, 2da. ed. (Buenos Aires: Fabril Editora, 1971)

[2] Antonio Di Benedetto, *Zama*, 1a ed. (Buenos Aires: Ediciones "Doble p," (1956). Las referencias a esta novela, incluidas en el texto de nuestro estudio, corresponden a la segunda edición, corregida por el autor, que es su versión definitiva (Buenos Aires): Centro Editor de América Latina, 1967). Ver juicios críticos de Antonio Pagés Larraya en *La Razón*, 21/12/1956 y María Esther de Miguel en *Nueva Crítica*, 1 (Buenos Aires, 1970)

[3] Ver reportaje incluido en la edición, arriba citada, de *Mundo animal*.

Son relatos más cortos que los de *Bestiario* —algunos brevísimos, como "Mariposas de Koch"— y se despliegan en una sola dimensión. Esquemáticos, casi fragmentarios a veces, no presentan complejidad de estructura ni, en su mayor parte, un desarrollo temático, lo cual les permite mantener, en cambio, una reconcentrada y torturante intensidad. En el prólogo a su traducción de *La metamorfosis*, escribe Borges que "la más indiscutible virtud de Kafka es la invención de situaciones intolerables... La elaboración... es menos admirable que la invención".[4] El citado juicio podría extenderse a los cuentos de *Mundo animal*, ese primer libro del narrador mendocino donde es evidente el modelo kafkiano y su gran afinidad con la obra del escritor checo. Así, por ejemplo, el tema de la relación con el padre, que tanto preocupara a Kafka, evoca sentimientos negativos en dos de sus relatos: "Amigo enemigo" y "Nido de huesos". El recuerdo del padre suicida en el primero de ellos es, por otra parte, un elemento autobiográfico que el autor reitera, más tarde, en su novela *Los Suicidas*.[5]

Las "Mariposas de Koch" tienen mucho en común con los conejitos que vomita el narrador de "Carta a una señorita en París" de Cortázar. Ambos autores coinciden, también, en explorar el tema de la bestialidad humana, y en contrastar con ella la inocencia animal. Esta idea se manifiesta, en Cortázar, por medio del tigre de los Funes ("Bestiario"), y la protagonista de "Circe". En Di Benedetto, aparece en "Hombre-Perro" y "Salvada pureza". Los personajes de *Mundo animal* —cuya experiencia está siempre narrada en primera persona— son atacados, las más de las veces, por criaturas que ellos mismos han albergado y alimentado (*cf.* "Amigo enemigo" y "Nido en los huesos"). Esto permite suponer que los animales simbolizan las fuerzas destructivas del propio ser humano, interpretación plausible si notamos que el pericote de "Amigo enemigo" lleva por nombre Guerra. El simbolismo animal, que hace su aparición en este libro, reaparece como medio expresivo en la obra posterior del

---

[4] Franz Kafka, *La metamorfosis*. Traducción y prólogo de Jorge Luis Borges (Buenos Aires: Losada, 1976), p. 11.

[5] Antonio Di Benedetto, *Los suicidas* (Buenos Aires: Sudamericana, 1969).

autor. La diversidad, y el paulatino enriquecimiento de dicho simbolismo requieren consideración aparte, en el presente estudio. Otro aspecto, que luego desarrollamos, es el de la conducta autodestructiva que afecta, según veremos, a los protagonistas de *Zama, El silenciero* y *Los suicidas.*

El rasgo más acusado, en los textos de *Mundo animal,* es el sentimiento de culpabilidad que abate a sus personajes, y los empuja a aceptar como merecida su propia destrucción. Se trata de una culpa nunca explicada, que el condenado admite con el mayor fatalismo. Ella constituye, también, una constante en el universo narrativo de nuestro autor. En la obra que aquí analizamos, son ilustrativos de este aspecto "En rojo de culpa", "Sospechas de perfección" y "Bizcocho para polillas". Los grados de culpabilidad difieren, según el caso, como también la actitud del incriminado. En el primer cuento, el narrador elige —como buen existencialista— su condición de culpable, al aceptar el pago con el que los ratones lo remuneran por aceptar sus culpas. La situación del segundo cuento es más ambigua. Llevado por el afán de lucro, el personaje enseña a leer, pero no a escribir, a sus posibles compradores de libros. Por esta tarea, cuya aparente inocencia encubre una dudosa moralidad, es enjuiciado y condenado a muerte. El tribunal consiste de "hombres enmascarados y a caballo en bestias cubiertas de gualdrapas" (p. 80). Del mismo modo que en *Der Prozess* de Kafka, el tribunal es aquí anónimo, y su sentencia inapelable. En "Bizcocho para polillas", el narrador es un solitario, atacado por las polillas, quien apresura su muerte instigándolas a que le coman el corazón. Antes de morir concluye que su culpa reside en haber ocultado el cuerpo al amor. En *Mundo animal,* como en las obras de Kafka, los personajes están condenados de antemano, pero su falta de libertad no los exime de culpa.

Di Benedetto inicia su labor literaria, retomando el camino por el que han evolucionado el cuento fantástico y su heredera, la nueva narrativa, con sus experimentos de técnica y lenguaje. *El Pentágono* (novela en forma de cuentos)[6] es anterior a la di-

---

[6] Antonio Di Benedetto, *El pentágono* (Buenos Aires: Ediciones "Doble p," 1955). Reeditado con el título de *Annabella* (Buenos Aires: Ediciones Orión, 1974).

18

Malva E. Filer

fusión del "nouveau roman"[7] y, más aún, a las novelas creadas en la atmósfera estructuralista de los años 60. El autor se adelanta a su tiempo, al escribir una obra en la que el relato no es vehículo o instrumento para describir un mundo fuera del texto. La única realidad es allí la escritura, un lenguaje intransitivo, no referencial[8] que hace y deshace, compone y descompone el diseño que constituye la estructura de la novela. El nuevo nombre de *Annabella* y las pequeñas revisiones, con las que el autor la volvió a editar en 1974, no deben oscurecer el hecho de que se trata de un temprano experimento narrativo, interesante como tal desde nuestra actual perspectiva.

En sus conversaciones con Günter Lorenz (*Diálogo con América Latina*), Di Benedetto ha declarado: "Escribo porque me gobierna una voluntad intensa de construcción por medio de la palabra… Todo en mi literatura es ficción, podría decir algo así como realidades deseadas, quizá como metáforas de la realidad".[9] *Annabella* podría describirse, efectivamente, como una construcción de signos, gráficos y lingüísticos, mediante los cuales el texto dibuja una figura metafórica. Pesonajes y relaciones sólo existen en ella como piezas y movimientos de un ajedrez de palabras, un juego cuyo objetivo es extenuar, en la escritura, todas las posibilidades concebibles del triángulo amoroso. Este triángulo se desdobla, a su vez, pero conserva el vértice común de Santiago, la voz narradora, quien es por definición el amante traicionado. Los dos triángulos son transformados en un pentágono, al establecer Santiago un puente entre sus rivales que sirve, según él, para mediatizar su propia relación con ellos. Al mismo tiempo, la estructura tripartita se reproduce en el esquema general del libro, que presenta el juego de los triángulos desde

---

[7] A ese respecto deben leerse las consideraciones que hace Di Benedetto sobre la posible simultaneidad en la experimentación con la técnica literaria por parte de escritores que producen en distintos idiomas, y que no se conocen en el momento de realizarla. Ver Günter W. Lorenz, *Diálogo con América Latina* (Valparaíso: Pomaire, 1972).

[8] Utilizamos aquí la clasificación de los registros del habla hecha por Tzvetan Todorov en "El análisis del discurso literario", *¿Qué es el estructuralismo?* (Buenos Aires: Losada, 1971).

[9] Lorenz, pp. 125-6.

tres puntos de vista: 1) La época especulativa, 2) La época crítica y 3) La época de la realidad.

La primera de estas partes ocupa el mayor número de páginas. En sus ocho secciones se encuentra el siguiente desarrollo: 1) creación del triángulo Santiago-Annabella-Rolando Fortuna, a partir del primero, 2) presentación sucesiva de las posibilidades de relación y eliminación de los vértices, 3) destrucción de la figura y regreso al punto inicial, por desaparición de Annabella y Rolando. Cabe señalar que las muertes se producen y se niegan sin la más mínima preocupación por la lógica, la verosimilitud o la sucesión temporal. Todas las posibilidades, aunque contradictorias, ocurren independientemente, como en la novela laberinto que Ts'ui Pên construye, según Borges, en "El jardín de senderos que se bifurcan".

Annabella es la mujer ideal, apenas vislumbrada en el entresueño de un hombre indiferenciado que se siente desaparecer **física y espiritualmente**. Enlazando su cintura, Santiago realiza el despegue inicial en el vuelo que lo llevará a otro plano, el de un mundo que se agota en el texto, en el juego de la escritura que va proponiendo las distintas soluciones al dilema del narrador. Como afirmándose en esta empresa de creación por la palabra, el texto describe la vida de Santiago y Annabella en el contrabajo, instrumento-casa de valor metafórico. La deserción de ella y su vínculo con Rolando completan el primer triángulo. Habiéndose formado esta figura clave de la novela, comienza el juego de posibilidades en que, alternativamente, desaparece uno de sus vértices. A través del texto, las palabras se mueven libremente, dibujando y borrando triángulos, como si fuera cine de animación mediante sistemas luminosos. Pero esta técnica, de función aparentemente lúcida, produce aquí un efecto contrario, porque las transformaciones constantes del diseño parecen corporizar la angustia experimentada frente a lo inasible. Las experiencias tantálicas de Santiago en persecución de la elusiva Annabella encuentran expresión gráfica en este juego de vértices mediante el cual el texto se niega a sí mismo.

¿Cómo explicar la estructura compleja y laboriosamente construida de *Annabella*? Ella no le era necesaria a Di Benedetto para describir un drama pasional, o para trasmitir la angustia existencial de su protagonista. Es evidente que el autor no se ha

propuesto interesarnos con las peripecias que sufren los personajes, si así puede llamárseles, sino con la obsesión caleidoscópica a la que incesantemente se libra Santiago. Lo significativo no
es lo que se narra, sino la narración misma, el dinamismo del
lenguaje que va creando la realidad obsesiva y despiadada del
texto. El dibujar y borrar de palabras que es la novela produce,
sin duda, un efecto torturante, adecuado al motivo de la trai-
ción y los celos. Pero en ese juego de autodestrucción que se
opera en el texto, sin embargo, reside al mismo tiempo la salvación de su narrador. En la Introducción a la obra está ya sugerido el tema de la recuperación por la palabra escrita. El protagonista, leemos, "sacaba de su interior las desalentadas imaginacio-
nes y las ponía por escrito, construía cuentos" (p. 17). En este
juego de la escritura es donde el narrador, buscándose a sí mismo, va creando su mundo. *Annabella* (obra) es la búsqueda de
Annabella; y es, también, su negación. Por esta multiplicidad de
respuestas que se cancelan, el personaje vencido triunfa sobre
la inexistencia y encuentra reparación para su derrota. Se trata
de una recuperación que se opera gracias al poder creador de la
palabra y ella tiene lugar en el texto, que es la metáfora de
la vida.

Aunque los dos cuentos que componen *Declinación y Angel*[10] fueron publicados por primera vez en 1958, la escritura
del primero de ellos data de 1954.[11] "El abandono y la pasividad", descrito por su autor como "literatura experimental",
sería asociado más tarde con el objetivismo que propugnaban
Nathalie Sarraute y Alain Robbe Grillet.[12] Di Benedetto ha
aclarado, sin embargo, que su libro fue escrito sin que él tuviera
"la menor idea de que en Francia o en cualquier parte estuviese
en marcha o estaba por ponerse en marcha un movimiento de

[10] Antonio Di Benedetto, *Declinación y Angel* (Mendoza: Ed. de la Biblioteca San Martín, 1958)

[11] Este dato lo encontramos en Juan-Jacobo Bajarlía, "Antonio Di Benedetto y el Objetivismo", *Comentario* No. 49 (Buenos Aires, 1966)

[12] Ver Abelardo Arias. "Orígenes y concordancias argentinas de la Nueva Novela francesa", *Davar*, No. 100 (Buenos Aires, 1964); Alfonso Sola González, Prólogo a Di Benedetto, *Two Stories* (Mendoza: Ediciones Voces, 1965). Este libro es una edición bilingüe de "El abandono y la pasividad" y "Caballo en el salitral".

esas características".[13] Así como en *El pentágono* había comunicado el drama de los celos, mediante el movimiento de figuras geométricas, anticipándose a *La Jalousie* (1957), en el referido cuento, de escritura simultánea a las innovaciones francesas, Di Benedetto ofrece una muestra de sus propias búsquedas. Se trata, por lo demás, de un simple y único experimento, y no de una tendencia excluyente y duradera. Deben notarse, también, las obvias diferencias que distinguen a esa narración, de los textos clasificados como literatura objetiva.[14] En "El abandono y la pasividad", la mirada del hombre no intenta, como en *Les Gommes*, constatar desinteresadamente la presencia de los objetivos, ser imparcial y distante como una cámara fotográfica. Por el contrario, se trata de un texto cuyo lenguaje, pletórico de giros animistas, reviste a los objetos de calidad y emoción humanas: "el despertador mantuvo la guardia", "el vaso está aterido", "la castidad del vidrio", etc. etc. La mencionada y equívoca asociación proviene del hecho que, en el brevísimo cuento, el drama humano se da a conocer por los objetos, por su apariencia y condición. Si el autor se propuso allí —según dice— componer su relato "sólo con cosas", en "Declinación y Angel" utiliza, en cambio, la técnica del guión cinematográfico, narrando "exclusivamente con imágenes visuales —no literarias— y sonidos".[15] Los siguientes párrafos ilustran el tipo de descripción, en tiempo presente, que caracteriza este modo de narrar:

> "Se sienta, abre la caja y extrae un bombón.
> Lo despoja del papel de plata y lo entrega a la boca.

> Un hombre enorme, desde otro asiento, lo analiza,
> con sueño; entrecierra los párpados y se deja caer sobre
> el respaldo.

[13] David Martínez, "Presencia de un narrador mendocino", *La nación*, Buenos Aires, 14/7/1963.

[14] *Nueva Crítica*, p. 96.

[15] "Declaración del autor", en la edición arriba citada de la obra.

Sube el sonido del tren y desde arriba del convoy
se ve, adelante, la locomotora afanosa hendiendo una
ancha planicie, sin cultivo, amarronada e indiferente.

Se abre una puertecilla de madera lustrada.

El muchacho atiende, con la mirada, y mastica".

(p. 18)

El dinamismo del lenguaje que capta, inquietamente, formas,
colores, e impresiones acústicas, es el único sostén del relato. El
drama, con su vulgar episodio pasional y un desenlace trágico
de "soap opera", difícilmente podría mantener el interés del
lector. Notamos, sin embargo, que a pesar de sus declarados propósitos el autor no ha logrado evitar el uso de imágenes literarias. Prueba de ello son expresiones tales como "despoja del papel", "entrega a la boca" y la "planicie... indiferente".

En obras posteriores, Di Benedetto no ha vuelto a utilizar,
en forma deliberada, las técnicas narrativas de *Declinación y
Angel*. Su estilo sigue mostrando, sin embargo, una predilección
por las descripciones concisas, en tiempo presente, en las que
predominan las imágenes visuales y auditivas. "Caballo en el salitral", escrito en 1958, tiene una notable afinidad estilística con
"Declinación y Angel". Comienza, la narración, del siguiente
modo:

"El aeroplano viene toreando el aire.
Cuando pasa sobre los ranchos que se le arriman a
la estación, los chicos se desbandan y los hombres envaran
las piernas para aguantar el cimbrón.
Ya está de la otra mano, perdiéndose a ras del monte.
Los niños y las madres asoman como después de la lluvia.
Vuelven las voces de los hombres:
—¿Será Zanni..., el volador?".

"El cariño de los tontos" (1958) y "El puma blanco" (1959)

muestran, también, las características indicadas. En ninguno de estos cuentos, ni en sus novelas, se propuso el autor excluir las imágenes literarias, como lo había hecho en "Declinación y Angel". "Caballo en el salitral" contiene expresiones como las siguientes: "Corta fue la arena para el terror", "la hija solitaria del salitral", "como si apañara un bastón", "acude con su oscura vestimenta el jote", "perdida la jaula del pellejo".

Las primeras obras de Di Benedetto tienen en común, según mostramos, su índole experimental. Ellas comparten, además, una cierta carencia de sustancia o, si se prefiere, de humanidad. En efecto, los "delirios" de *Mundo animal* y los grafismos de *El pentágono (Annabella)* se mueven en un nivel de abstracción que no permite la existencia de verdaderos personajes. En "El abandono y la pasividad" la figura humana está deliberadamente excluida, y en "Declinación y Angel" los personajes tienen más de títeres que de seres humanos. El universo narrativo del autor se expande con *Zama*, al concebir por primera vez un personaje en el que alienta, y desfallece, el soplo de la vida. Di Benedetto nos introduce con esta novela en un drama humano, hondamente vivido, desde la conciencia del protagonista. Este personaje no se agita acrobáticamente en el vacío, como sus criaturas anteriores. Vive y sufre en un mundo que el novelista ha construido, o reconstruido, minuciosamente. En los próximos capítulos analizamos al personaje y sus circunstancias, dentro del contexto geográfico, histórico y humano de la novela.

II. ZAMA

Capítulo 1

Escenario físico y contexto geográfico

Antonio Di Benedetto ha elegido, como recinto espacial de su novela, una zona que incluye parte del Paraguay actual y regiones que pertenecen hoy al Brasil. El marco histórico está explícitamente indicado mediante las fechas que encabezan las tres etapas narrativas: 1790, 1794 y 1799. Sabemos, por declaraciones del autor,[1] que cuando escribió *Zama* los territorios allí descritos le eran totalmente desconocidos. La descripción del suelo, la flora y la fauna, que va señalando el itinerario de su personaje es, por tanto, producto de conocimiento libresco. El contexto geográfico proviene de una elaboración textual, en la que el texto de la novela se constituye por absorción, réplica y transformación de otros textos.[2] Di Benedetto no ha nombrado autores y obras consultadas durante la preparación de su obra, aunque se ha referido a un período previo de lecturas que reali-

---

[1] Lorenz, p. 132. La recreación, hecha por Di Benedetto, de un paisaje aún no contemplado con sus propios ojos tiene por ilustre precedente la pintura de la Pampa argentina que Sarmiento realizó, sin haberla aún visto, en su *Facundo Quiroga.*

[2] *Cf.* Julia Kristeva, *El texto de la novela* (Barcelona: Ed. Lumen, 1974). pp. 119-20. Se aplica, en este análisis, su teoría del "estatuto del enunciado". Según Kristeva, "el enunciado, en el texto, está orientado hacia el corpus literario anterior o sincrónico... El enunciado (el texto) es un cruce de enunciados (de textos) donde se lee por lo menos otro enunciado (texto)".

28

Malva E. Filer

zó en la Universidad Nacional de Córdoba:

> "Estudié la orografía, la hidrografía, la fauna,
> los vientos, los árboles y los pastos, las fami-
> lias indígenas y la sociedad colonial, las medi-
> cinas, las creencias y los minerales, la arqui-
> tectura, las armas, el guaraní, la lengua de los
> indios, costumbres domésticas, fiestas, el plano
> de la ciudad principal, los pueblos, el trabajo
> rural y la delincuencia del país".[3]

Esta lista, por lo detallada y comprensiva, sugiere el proyecto de una novela histórica minuciosamente documentada, a la manera de *Salambó*. Ese no era, sin embargo, el propósito del novelista. La información recogida fue usada por él con economía y flexibilidad, sin preocupación por la fidelidad arqueológica y los inevitables —o deliberados— anacronismos.[4] Una tarea aún no realizada por la crítica, y que nos ocupa en el presente estudio, es la de identificar los textos que constituyen el contexto de *Zama*, y analizar la transformación que en ellos se opera al volverse parte de un texto contemporáneo.

Desde su primera página, se siente en la obra la presencia inconfundible de un suelo, una latitud y un paisaje. Para reconstruir este medio físico, el autor tenía a su disposición, presuntamente, las obras de cronistas, exploradores y geógrafos desde la época de la Conquista. Es revelador, sin embargo, el hecho de que la acción de la novela se inscriba dentro del período correspondiente a los viajes de exploración y estudio de Félix de Azara, realizados como Comisario de la tercera partida demarcadora de los límites, por siglos en disputa, entre España y Portugal. Las obras de Azara, exponente de erudición y del espíritu científico de su época tuvieron que ser, lógicamente, imprescindible fuente de información para Di Benedetto. Encontramos, en *Zama*, repetida y clara evidencia del manejo de textos pertenecientes a dos de los libros del citado estudioso: *Descripción*

---

[3] Lorenz, *loc. cit.*

[4] En las páginas siguientes mostramos, sin embargo, que la veracidad histórica de *Zama* es mayor de lo sugerido por las declaraciones de su autor.

e *Historia del Paraguay y del Río de la Plata*[5] y *Geografía física
y esférica del Paraguay.*[6]

Azara describe la tierra paraguaya como una planicie en la
que proliferan las "orillas anegadas" y "situaciones pantanosas".
"La horizontalidad de los terrenos... hace que las aguas... se
detengan indecisas en las llanuras, hasta que se van evaporando"
(*Desc.*, p. 16). Como consecuencia de esto, se forman "alber-
cas" de gran superficie y poca profundidad que se encuentran
en los lugares más hondos. Anteriormente a Azara, ya Barco
Centenera observaba, en el Canto II de *La Argentina,*[7] que el
río Paraguay "entra... con más quietud" y consume "las aguas
que el Perú viene vertiendo" (p. 13). "Es tierra.. que mucha de
la dicha es anegada" (p. 13). La imagen de agua detenida que
surge de éstas, y otras descripciones semejantes, es transformada
por la novela en figura emblemática que anticipa el destino de
su protagonista:

> "Entreverada entre sus palos, se menea la
> porción de agua del río que entre ellos recae.
> Con su pequeña ola y sus remolinos sin salida,
> iba y venía, con precisión, un mono muerto,
> todavía completo y no descompuesto" (p. 5)

El mono muerto, llevado y traído por un agua demasiado débil
para desenredarlo de la maleza, expresa alegóricamente la angustia e impotencia del narrador. Diego de Zama, oscuro funcionario en la Asunción lejana y pobre de las postrimerías de la Colonia se siente, como el mono, en un pozo sobre esa tierra llana
en la que espera sin esperanza un improbable rescate.

Según Azara, la calidad del suelo parece la de "un peñasco
de una pieza, cubierto de una costra... de arena" (*Desc.,* p 20).
En la novela, Diego experimenta el afecto alucinador del sol cal-

---

[5] Félix de Azara, *Descripción e Historia del Paraguay y del Río de la Plata* (Buenos
Aires: Ed. Bajel, 1943).

[6] Félix de Azara, *Geografía física y esférica del Paraguay* (Montevideo: *Anales del
Museo Nacional*, I, 1904).

[7] Martín del Barco Centenera, *La Argentina* (Buenos Aires: Junta de Historia y Numismática, V, 1912).

cinante reflejado en una "arena limpia que da visiones" (p. 7),[8] y piensa, borgeanamente, en "los juegos que fueron o pueden ser terribles, no en el momento en que se juegan, sino antes o después" (*Ib.*).[9] Las referencias a la arena son frecuentes y sirven para crear un clima psicológico opresivo. Ejemplos de ello son la "calle ardiente y polvorienta" con su tierra roja que se pega al rostro (p. 41), la "lisa arena roja" en que cae una araña aplastada, todavía viva pero "imposibilitada de desplazarse" (p. 66),[10] "la maldita arena indiferente" que "apagaba todo sonido" (p. 75). En la segunda parte de la obra, el suelo "de tierra roja, con base poco menos que inconsistente", ya no es sólo opresivo sino también peligroso. El transeúnte no puede oír a los jinetes y carruajes hasta tenerlos sobre sí. En la "tierra roja" cae, sin vida, el cuerpo de una criadita mulata, atropellada por un caballo.

Suelo arenoso bajo soles ardientes, frondosos bosques, animales, pájaros, insectos y reptiles de zona tropical, configuran el paisaje de *Zama*. En las casas, los árboles y campos del Paraguay podían encontrarse arañas de toda especie (*Desc.*, p. 78). El texto menciona arañas de gran tamaño, una durante la carrera de caballos que observa Diego, echado "bajo los árboles exteriores del bosque" (p. 65), y otra, escapada de un nido de avispa pómpilo, hecho en el cielorraso del cuarto de Luciana y su marido (p. 91).[11] El *mainumbig*, del que hay breve referencia en la novela, es el nombre guaraní del picaflor o colibrí americano. Este pequeño y hermoso pájaro ha atraído a los naturalistas e inspirado poemas y leyendas.[12] Marcos Sastre, en su *Tem-*

---

[8] Esa escena de sol reflejado en la arena, y su efecto sobre el personaje, recuerdan a *L'étranger* de Camus.

[9] *Cf.* "La lotería en Babilonia", de Jorge Luis Borges, *Obras Completas* (Buenos Aires: Emecé, 1974)

[10] La descripción de la araña tiene connotaciones semejantes a las del mono, al comienzo de la novela.

[11] *Cf.* Azara, *Desc.*, p. 67.

[12] *Cf.* Ernesto Morales, *Leyendas Guaraníes* (Buenos Aires: Ed. Futuro, 1946), pp177-85; Natalicio González, *Geografía del Paraguay* (México: Guarania, 1964), pp. 320-1.

pe argentino, lo llama una "flor animada". La referencia al pajarillo ocurre en el momento en que el protagonista se dispone para el amor, e introduce en el texto una atmósfera de poesía y de misterio: "El último *mainumbig* depuso su silente y absorto aleteo ante las flores y supe entonces que era preciso ceder sitio a la noche en el jardín" (p. 147).

En el nordeste paraguayo, escenario de la narración hacia el final de la obra, Diego es atormentado por una pandilla de *carachai*. Estos insectos, especie de jejenes a los que se atribuye el origen de enfermedades cutáneas y viscerales, fueron atrapados por el investigador paraguayo Luis E. Migone, en la región referida. Su primera descripción científica se debe al entomólogo portugués Franca, quien la llevó a cabo en 1921.[13] Sobre las muchas molestias que ésta y otras clases de insectos causaban al navegante, durante la época recreada por *Zama*, escribe el Capitán Juan Francisco Aguirre en su *Diario*: (Produce) "una comezón tan fuerte, tan abundante por todo cuanto puede penetrar, no alcanzando las manos para matar a los mosquitos que vienen como en nube; no dejan comer, parar ni descansar... Vienen con esta secta los quejemes ó Virguís y carachás; aquellos son mosquitos pequeños, pero estos imperceptibles tal que acometen sin ruido y dejan un gran escozor".[14] A pesar de riesgos e incomodidades, los expedicionarios de la novela tienen siempre abundante alimento en ese suelo fértil, surcado por ríos de pesca y poblado de venados y avestruces. Leemos en Alvar Núñez Cabeza de Vaca que, en esos territorios, "había tanta caza de venados y avestruces que era cosa de ver".[15] Dicha riqueza de frutos naturales es aludida en la obra con la mención de un *manguruyú*, "quizá de cinco arrobas", que pesca Diego, y se refleja en la generosidad con que unos indios entregan a estos hombres desconocidos toda su caza de venado. Un avestruz proporciona, también, la sangre con la que Diego escribe su último mensaje.

---

[13] *Geografía del Paraguay*, p. 292.

[14] "Diario del Capitán de Fragata D. Juan Francisco Aguirre" (Buenos Aires: *Revista de la Biblioteca Nacional*, XVII, 43/44, 1949), pp. 410-11.

[15] Alvar Núñez Cabeza de Vaca, *Naufragios y Comentarios* (buenos Aires: Austral, Espasa Calpe, 1957), p. 150.

Las dos primeras partes de *Zama* ocurren sin duda en Asunción, aunque se omite la mención del nombre. Para recrear la fisonomía de la ciudad a fines del siglo XVIII, Di Benedetto ha consultado, probablemente, obras y documentos de cuya identificación e influencia en el texto de la novela nos ocupamos más adelante. La tercera parte se desarrolla siguiendo el camino que remonta el Paraguay hacia el norte, bordeando el Chaco, y continúa al oriente por territorio brasileño, en dirección a los ríos que llevan a Matto Grosso y Cuyabá. Las referencias a la calidad del suelo van señalando los cambios de escena, como sucede por ejemplo en el siguiente párrafo: "Después del terreno llano, último límite de las cabalgatas menores que realizaba la gente de la ciudad, comenzaba el bosque, que orillamos". (p. 168).

La expedición que se organiza para cazar al bandido Vicuña Porto, a la que se une Diego, sigue una ruta que reproduce el viaje emprendido por Félix de Azara en junio de 1784, y del que da cuenta en su *Geografía física y esférica del Paraguay* (p. 11 y ss.). Del mismo modo que aquél, los personajes de *Zama* se dirigen a Ypané, pueblo que en la época de la novela se encuentra —según atestigua Azara— a 25° 27' 44" de latitud austral y recibe, o ha dado, el nombre del río homónimo. Ypané había tenido una ubicación anterior, al norte del río, a 23° 16' 26" de latitud, y fue llamado Pitun por unos bosques cercanos que tenían este nombre. La ruta de *Zama* pasa, sin evidente lógica, por las ruinas de Pitun, antes de llegar a Ypané. Diego observa que los indios de la región usan huesos de vaca o de caballo para abrir surcos en la tierra, y nota cómo los pájaros y otras aves voraces se comen las semillas antes de que las cubran con sus precarias herramientas. Esta situación es descrita por Azara de la siguiente manera: "En el Paraguay y Misiones se sirven para azadas, de las paletillas de vaca acomodándolas en un mango, y sus arados son de un palo punteagudo" (*Desc.*, p. 61). Menciona, también, la destrucción que ocasionan "pájaros, cuadrúpedos, hormigas, avispas y otros insectos" (*Ib.*, p. 58). En fecha más reciente, A. Métraux, E. Palavecino, y otros investigadores, se han referido al mismo problema en sus estudios dedicados a la etnografía chaquense.[16]

Inmediatamente después de la escena aludida, el texto anuncia la entrada de los personajes en la región de los indios mbayas. Con respecto a la ubicación geográfica de esta tribu, escribía Azara en carta de 1784 al Gobernador del Paraguay, Don Pedro Melo de Portugal: "Sus límites son, al oeste el río Paraguay, al sud el río Ipané, al este una cordillera ó cresta de lomas que, mediando entre los ríos Paraná y Paraguay, se extiende mucho de sud á norte; no puedo señalar su límite fijo por el norte, que juzgo que será el paralelo de 22° ó 21° y medio".[17] La descripción de la zona, en la novela, indica con insistencia un suelo cubierto de pastos secos y pajonales altos (pp. 173-5). "Al oeste, a veces ante nosotros, progresaba el pajonal alto, suficiente para encubrir a un hombre en toda su estatura" (p. 178). Con referencia a esta misma región, en *Geografía física y esférica* leemos: "Todo lo que no es bosque es pajonal alto, y tan espeso que en parte alguna se ve el suelo" (p. 322). "Hacia el este", apunta *Zama*, "la tierra derivaba en insensibles lomas, que, en gradual crecimiento, a la distancia tomaban el azul aéreo de las sierras" (p. 178). La mención de lomas, cuestas y declives, en las siguientes páginas, indica que los personajes se dirigen hacia el este.

Félix de Azara, en su *Descripción e Historia*, señala que en la frontera con el Brasil el país es "más alomado" (pp. 41-2). El contraste entre la región sudoeste y la noroeste ha sido descrito por varios autores. Natalicio González, por ejemplo, nota como característica de la región noreste las "lomas" o "tierras altas", con sus "elevaciones combadas" y "pendientes suaves" (*Geog. del Paraguay*, pp. 28-9). A medida que se adelanta en el mismo rumbo, se advierte que las lomas crecen en altura, hasta elevarse a 30 y 40 metros sobre el nivel de la llanura circundante. El arribo a las tierras más altas está indicado en *Zama* con

---

[16] *Cf.* Alfred Métraux, "Etudes sur la civilisation des indiens Chiriguano" (Tucumán: *Revista del Instituto de Etnología*, I. 1930); "Estudios de etnografía chaquense" (Univ. de Cuyo: *Anales de Arqueología y Etnología*, V, 1944); Enrique Palavecino, "Las culturas aborígenes del Chaco", en *Historia de la Nación Argentina* (Buenos Aires: Junta de Historia y Numismática Americana, I. 1936).

[17] Félix de Azara, *El estado rural del Río de la Plata* (Buenos Aires: Ed. Bajel, 1943), p. 81.

esta única observación: los expedicionarios muertos por los indios, la noche anterior, "quedarían allí, al pie del cerro, con una cruz y una piedra encima" (p. 185).

La partida se encuentra ahora en la zona fronteriza, de espesísimos bosques de *y-cipó*. Para poder avanzar se hace necesario horadar los bosques. Diego corta bejucos que parecen "poderosas sogas con que estuvieran atados los árboles entre sí" (p. 188). La vegetación se cierra sobre el que penetra la espesura, aislándolo del mundo exterior.

"Se perdía la luz que al principio recibíamos
de afuera, a la altura de nuestros cortes. Yo
la buscaba arriba y había otras palmas sobre
la horqueta de los árboles que nacían del suelo. Palmas *pindó* y plantas desconocidas, helechos, flores, formaban otro bosque, aéreo, a
veces tan denso como el que perforábamos" (*Ibid*).

En *Geografía física y esférica* se halla la siguiente descripción, con la que Di Benedetto puede haber elaborado la suya:

"Todos los bosques están llenos de infinidad de
bejucos, enredaderas llamados aquí *Y-cipó (Y-cipó)*
de modo que todo el bosque forma como un solo cuerpo amarrado con bejucos y cada árbol está sosteni-
do por sus laterales. Abundan tanto en los bosques
las plantas parásitas de muchísimas especies, que
admira ver un bosque sobre otro como si faltase a
la naturaleza suelo para sus producciones. Se ve
muchas veces que las palmeras 'pindó', como si cre-
yesen ser tierra los helechos y plantas bajas que
las tocan, arrojan coronas de raíces en el aire á
la altura del contacto" (p. 324).

El parentesco entre estos dos textos nos parece obvio. La descripción de Azara permite al autor de *Zama* recrear la geografía paraguaya correspondiente a la época de su novela, la cual, según Efraím Cardozo, "no es ni aproximadamente la de nuestros días, después de siglos de devastación florestal".[18] Debe agregarse que, en *Zama*, la espesura del bosque adquiere una calidad laberíntica, evocadora de una temática contemporánea, y acor-

[18] Efraím Cardozo, *El Paraguay Colonial* (Buenos Aires: Ed: Nizza, 1959), p. 26.

de con el clima psicológico de la novela:

"Yo veía nuestra situación como la de quien quisiera
penetrar en el dibujo de un bosque sobre el cual se
ha hecho el dibujo de otro bosque, y a mayor altura,
pero ligado al primero, el dibujo de un tercer bosque
confundido con un cuarto bosque" (p. 188).

Reanudada la marcha, los expedicionarios llegan a una zona
de vegetación empobrecida y de naranjales agrios. Según explica
Azara, esos bosques de naranjos agrios no tienen a su alrededor
bejucos, porque "destruyen toda otra vegetación" (*Geog.*,
p. 326). En nuestro texto se subraya el contraste entre "la riqueza y la potencia del bosque de *y-cipó*", y el "enfermizo na-
ranjal agrio" (p. 191). Por la ruta hacia el oriente la expedición,
también mermada, atraviesa la leyenda de los "cocos".[19] Diego,
hombre del siglo XVIII sabe, como Azara (*Desc.*, p. 19), que los
llamados cocos son sólo pedruscos que encierran dentro de sí
espatos y cristales de bellos colores, pero que no son piedras
preciosas como se creyó en los primeros tiempos de la Conquista. En su libro *La Argentina* (*circa* 1612), Ruy Díaz de Guzmán
escribe sobre el descubrimiento de las piedras cristalinas "que
se crían dentro de unos cocos de pedernal" y "fueron reputadas
por piedras finísimas... de gran valor, diciendo eran rubíes, es-
meraldas, amatistas, topacios y aún diamantes".[20] Comenta, el
mismo cronista, que el estruendo de los cocos al reventar es tan
fuerte que "estremece los montes". Azara, en *Geografía física y
esférica*, informa que las piedras fueron descubiertas en las cer-
canías de Ciudad Real, luego de haber sido ésta fundada en
1557 por Ruiz Díaz Melgarejo. Los vecinos de Ciudad Real cre-
yeron que los espatos y cristales "eran diamantes, amatistas y
otras piedras preciosas, y acopiándolas en cantidad formaron el
proyecto de escaparse con ellas á Europa tomando el camino
del Brasil. Con este motivo hubo alboroto en el Pueblo que cal-
mó con haber averiguado que dichas piedras nada valían".
(p. 36). Se encontraban ellas, según Azara, en la sierra del Cam-

---

[19] Cf. Ramón I. Cardozo, *La antigua provincia de Guairá y la Villa Rica del Espíritu
Santo* (Buenos Aires: Jesús Menéndez, 1938)

[20] Ruy Díaz de Guzmán, *La Argentina* (Buenos Aires: Angel Estrada, 1943), p. 261.

panero, sobre la costa occidental del río Paraguay, en la latitud
de 19° 50', y en otras partes. Al crecer en su interior los cristales, dejándolos sin espacio, los cocos reventaban produciendo
"un estruendo al igual de una bomba o cañonazo" (*Desc*., p. 19).
Aguirre, en la misma época que Azara, menciona las explosiones
que se oían en las inmediaciones de San Fernando, una cordillera de sierra unida y escarpada que ubica, en su *Diario* (p. 461)
a 19° 30' de latitud. Los portugueses de Cuyabá vieron en ellas
prueba de que la cordillera poseía diamantes y oro. Aguirre, por
su parte, afirma que sólo son descargas atmosféricas. A pesar del
temprano desengaño en el siglo XVI, perduró la esperanza de
que en esas tierras hubiera minerales preciosos. *Zama* recoge la
leyenda y hace que la repitan unos personajes ciegos (víctimas
de los indios mataguayos), y sus hijos videntes. El grupo de re-
clutados y aventureros escucha, hechizado, el relato. Diego,
frente a su credulidad, sabe que debe "desencantarlos, diciéndo-
les que no darían sino con espatos y minerales transparentes,
exentos en absoluto de valor, como lo supieron otros aventureros y sacrificados en tiempo tan lejano como un siglo antes"
(p. 202). Di Benedetto acorta de dos a un siglo la distancia que
media entre los hechos de Ciudad Real y el momento de su narración. La posición de Diego es la del hombre ilustrado de su
época, según las fuentes anteriormente citadas. El relato de los
ciegos, quienes afirman haber escuchado los estampidos prove-
nientes de la sierra, sirve para confirmar la ubicación geográfica
en la que se desarrolla esta fase de la novela.

Al llegar a las páginas finales de *Zama*, los personajes discu-
ten la posibilidad de interceptar a los portugueses que transportan sus cargamentos de minerales ricos desde Matto Grosso y
Cubayá. Para ello se propone que les salgan al paso "en los ríos
Cuchuy o Tacuary". Esta referencia a la larga y penosa ruta que
seguían entonces los portugueses para recorrer el camino desde
San Pablo a las poblaciones mencionadas, y el uso del nombre
Cuchuy (que no se encuentra en los mapas actuales), sugieren
nuevamente la utilización de los textos de Azara. En *Geografía
física y esférica* (pp. 307-7), hay una minuciosa descripción de
esta ruta, que incluía seis días de navegación "en el llamado Cuchuy", del cual se salía al río Tacuary. El trayecto completo
desde San Pablo hasta Cuyabá insumía —según Azara— de tres

a cuatro meses, y la vuelta se hacía en la tercera parte del tiempo. Sin duda era más corto y fácil el camino de que podían disponer los españoles para alcanzar las dos poblaciones, y disputar a los portugueses los beneficios que ellas extraían. Diego, al observar que la aventura propuesta los llevaría a una zona "más apartada del poder de las armas españolas" (p. 203), hace una referencia oblicua a la situación de zona disputada que la región tenía en aquella época. En carta al Virrey Arredondo de 1790, Azara se refiere a los perjuicios e inconvenientes que ocasionaría a los españoles la permanencia continuada de los portugueses en el fuerte de Coimbra y la población de Albuquerque, que habían fundado "últimamente en la costa occidental del Paraguay".[21] De esta manera defendían los lusitanos sus "rápidos progresos en las minas de Matogroso, Cuyabá y Sierra del Paraguay". (*Ib.*). Azara sugiere, en dicho informe, que los españoles pueblen la zona disputada, desalojen a los portugueses y fomenten el comercio en la región minera, que no tiene otros recursos naturales. Había estudiado extensamente, el demarcador, los aspectos geográficos, políticos y económicos del problema, como lo prueban sus numerosas e insistentes cartas a gobernadores y virreyes. A pesar de sus gestiones —y por causas múltiples y complejas que no corresponde analizar aquí— las zonas ocupadas por los portugueses continuaron bajo su hegemonía. Esta situación se volvió permanente con la pérdida, para España, de la codiciada región.

La ciudad de Asunción

Para recrear el aspecto físico de la ciudad de Asunción a fines del siglo XVIII, las fuentes de información más plausibles son *La ciudad de Asunción*, de Fulgencio R. Moreno[22] y *La Asunción de antaño*, por R. de Lafuente Machain.[23] A ellas

[21] *El estado rural*, pp. 100-1.

[22] Fulgencio R. Moreno, *La ciudad de Asunción* (Buenos Aires: Librería J. Suárez, 1926)

[23] R. de Lafuente Machain, *La Asunción de antaño* (Buenos Aires: Amorrortu e hijos, 1942)

puede agregarse la "Descripción histórica de la antigua provincia del Paraguay", de Mariano Antonio Molas,[24] en la que se describen las condiciones existentes en la ciudad de Asunción desde fines del siglo XVIII hasta 1840. Creemos que Di Benedetto recurrió a estas obras, y que es posible puntualizar, en su texto, múltiples adquisiciones procedentes de ellas.

El comienzo de *Zama* tiene lugar frente a un viejo muelle, que Diego califica de inexplicable porque —según afirma— "la ciudad y su puerto siempre estuvieron donde están, un cuarto de legua arriba" (p. 5). Esta observación del protagonista podría ser indicio de que se ha realizado una superposición de rasgos descriptivos correspondientes al momento histórico de la novela, con otros que pertenecen a una época posterior. En efecto, el *Discurso histórico*, publicado por Juan Francisco de Aguirre en 1793,[25] y de cuyo manuscrito reproduce Lafuente Machain un fragmento, describe así el sitio en que se inicia el relato de *Zama*:

> "Era el acceso al puerto por sendas o desfiladeros (p. 82). En la gran vuelta que da el río... desde los rumbos del cuadrante segundo á los últimos del cuadrante cuarto, de los que vuelve hacia el sur, poco a poco, se halla juntamente la marina de la ciudad. Estando el río bajo se puede caminar por toda ella... Hace la ribera lo mejor ó único para el paseo" (p. 94).

Concuerda con esta descripción, el hecho de que Diego salga de la ciudad y pueda caminar, ribera abajo, al encuentro de algún barco. El viejo muelle decrépito al que llega es, en efecto, inexplicable. Tal vez lo sea porque pertenece al futuro. Leamos, si no, un fragmento de *Siete años de aventuras en el Paraguay*, publicado por Jorge Federico Masterman en 1870, también incluido en *La Asunción de antaño*:

---

[24] Mariano Antonio Molas, "Descripción histórica de la antigua provincia del Paraguay" (*La Revista de Buenos Aires*, Buenos Aires: Imprenta de Mayo, IX-XV, 1866/8)

[25] Biblioteca Nacional de Buenos Aires, Ms. No. 9.

"Estando los muelles construidos en la extremidad
de una curva, que forma el río en frente del pueblo,
el agua los va dejando en seco, y por vía de compensación, invadiendo la márjen opuesta, de manera
que dentro de poco el canal quedará lejos de la
ciudad. Cien años ha, el desembarcadero distaba
mas de un milla de su sitio actual. En el día
queda lejos de la parte comercial del pueblo
(porque los negociantes no se han retirado con el
rio) del cual lo separa un terreno arenoso, un
arroyo bajo y cenagoso, y un puente arruinado"
(pp. 151-2).

La escena del muelle y el agua estancada, al comienzo de *Zama*, coincide con la descripción de Masterman, pero corresponde a condiciones posteriores en un siglo al período en que se sitúa la novela. El uso del adjetivo "inexplicable", sin embargo, parecería indicar que ésta es una inexactitud deliberada. Connotadora de sentimientos de perplejidad e inquietud, dicha palabra introduce en el texto una atmósfera de tensión. Su presencia sugiere que la superposición de niveles temporales es un recurso utilizado —según las pautas del género fantástico— para crear un ambiente de irrealidad. Esta interpretación gana mayor verosimilitud con la escena, casi inmediata, que describe el efecto alucinante de la arena bajo el sol ardiente. Por lo demás, *Zama* abunda en episodios donde se mezclan realidad y fantasía, claro indicio de que el autor ha similado las técnicas de la literatura fantástica.

La reconstrucción de la ciudad misma contiene, nuevamente, datos verídicos y datos que no corresponden a la época. La "zanja formada por los raudales" (p. 34), donde Diego encuentra a una indígena enferma, refiere, aunque elípticamente, a la verdadera situación edilicia durante esos años. Lafuente Machain cita un informe escrito en 1788 por el gobernador Joaquín de Alós, quien dice:

"La situación de esta ciudad es sumamente
travajosa por razon de que su piso es
mui arenisco. Está llena de zanjas y
zanjones que vienen desde los suburbios
y tienen arruinados muchos Edificios,
no siendo menos los que va causando el
mismo Rio, a cuias margenes se halla
ubicada" (p. 14).

Con palabras similares describe Mariano Antonio Molas el problema de la ciudad ("Descripción", pp. 10-1). Fulgencio Moreno, en su libro, informa sobre los trabajos de construcción que se iniciaron más adelante, durante el Consulado y el Gobierno de D. Carlos Antonio López, para encauzar "los grandes raudales de agua" y para defender a la ciudad de los avances del río. Se refiere, particularmente, a "los grandes malecones que se construyeron a lo largo de los barrancos para preservarlos definitivamente de las avenidas del río y el desmoronamiento constante causado por los raudales" (pp. 258-61). La novela refleja fielmente, pues, problemas típicos de la Asunción de la época.

Correponde, también, al período histórico, la descripción del aspecto y distribución de las casas y los suburbios de la ciudad. Por ejemplo: "Las calles solitarias, bordeadas de casonas y baldíos en sombras", y "el terreno accidentado en su depresión hacia el río" (p. 15). Diego califica de "desgranada" la edificación que existía en los extremos de la ciudad, donde algunas casas estaban separadas, a veces, hasta por cincuenta varas, mientras otras veces se construían, en grupos apretados, dejando apenas espacio "para el paso de los carruajes y las bestias" (p. 138). Su descripción coincide con la del libro de Moreno, quien observa que los edificios, uniformemente bajos, de la ciudad colonial, "parecían desparramados al azar". Las calles estaban "apenas esbozadas, sin pavimento ni aceras", y se diseminaban en "tortuosos callejones, de general desnivel y caprichosas encrucijadas" (pp. 191-2). Verídicas son, también, las piñas repetidamente mencionadas en la novela, que marcaban el límite de la ciudad, más allá del cual se encontraban las rancherías y los bosques.

Además de las citadas obras, que creemos han sido fuentes de referencia del autor de *Zama*, él mismo menciona haber consultado el plano de la ciudad. Sin embargo, los nombres de calles que figuran en la novela no existían en la Asunción de aquella época. La primera división de la ciudad en seis barrios fue hecha en 1782, bajo el gobierno de Don Pedro Melo de Portugal. En el documento que establece los límites de dichos barrios, no hay mención alguna de nombres de calles. Véase, por ejemplo, cómo se circunscribe el área correspondiente a uno de ellos:

"El 1° será tomando la Calle que viene de la
Chácara del Sor. Arzediano Samudio, pasando
por un lado de las casas del Sor. Coene, torzer
al Norte a espaldas de S.n. Franco y viajando
por la casa de Santiago Pérez, viajando por las
de Chuchi calle abajo por las casas de don Francisco Duarte, seguirá hasta el Río, en cuya 1ª
división estarán anexas todas las Casas, asta
salir de la ciudad". [26]

La nomenclatura de las calles se hizo a partir de 1849, durante
el gobierno de Carlos Antonio López. [27] De esta fecha datan los
nombres mencionados en *Zama*: "La calle de San Francisco co-
rre, mirada desde el río, detrás de la calle de San Roque (pp.
29-30). Ambas calles tomaron el nombre de las iglesias frente a
las que pasaban, aunque la iglesia de San Francisco ya no existía cuando se oficializó la nomenclatura. Fulgencio Moreno cree
que el accidentado terreno, poco propicio al movimiento de
vehículos, fue un factor en la tardía formación de las calles que
—según su libro— no estaban "siquiera esbozadas, con excepción
de la calle Real, en las postrimerías del siglo XVIII" (pp. 214-5).

La inexactitud de detalle, que acabamos de señalar, no adul-
tera el carácter fidedigno que tiene, en lo esencial, la Asunción
de *Zama*. La información correcta prevalece en su descripción
de la estructura urbana. Por ejemplo, la novela hace evidente la
cercanía del río con respecto a la casa del Gobernador. Diego escucha desde su oficina los cañonazos del puerto, y puede fácil-
mente caminar hasta allí para satisfacer su ansiedad de noticias.
Esta circunstancia es mencionada por Moreno, quien explica
que los principales edificios públicos se agrupaban —en la época
que nos ocupa— alrededor de la plaza de armas, sobre la alta barranca del río. "Formaba esa plaza un espacio oblongo un tanto
irregular, cuya parte más extensa paralela al río tenía por ese
lado el edificio del Cabildo, a orillas de la barranca, y en enfren-
te el Palacio del gobernador y las Cajas Reales" (p. 195). La pro-
ximidad del puerto, dato verídico, tiene connotaciones especia-

[26] *Historia edilicia de la ciudad de Asunción* (Asunsión: Departamento de Cultura y
Arte, 1967), p. 81.

[27] *Ibid.*, p. 84.

les, particularmente en las dos primeras partes del relato, donde
se comunica el carácter provisorio de la vida de Diego, siempre
a la espera de noticias que sólo pueden llegarle por barco. La
cercanía física del puerto se conjuga, pues, con la preocupación
obsesiva del personaje.

La arquitectura de las casas, en la novela, corresponde a la
descrita por Masterman en su texto ya citado. Esto se puede
observar, con detalle, en la descripción de la casa de Ignacio Soledo. Espacioso y complicado, el edificio se extendía en dos
cuerpos, comunicados por un pasillo. Las habitaciones daban,
por puertas y ventanas, a un patio donde crecían árboles y plantas, y circulaban pájaros, gallinas, conejos y otras aves de corral.
Para llegar a las habitaciones se iba por galerías y corredores, y
la cocina se encontraba, alejada, en los fondos de la casa. También la vivienda de los Moyano, donde Diego se aloja al comienzo de la narración, tiene sus galerías, patios, "plantas y botijo-
nes", y un "plátano anciano" que provee la sombra para el mate
de la tarde. En general, no hay en *Zama* descripción de mobilia-
rio o de objetos decorativos. Una excepción es la escena que
transcurre en el jardín de Luciana, donde se menciona un banco
de madera con figuras talladas en el respaldo. Esta es una brevísima referencia al arte que los paraguayos aprendieron, origina-
riamente, de los jesuitas, y con el que adornaban las maderas
duras de sus bosques.

Según la novela, había en Asunción arriba de seis templos,
"sin contar los de naturales" (p. 28). No sabemos si esto corresponde a la época descrita (por otra parte el número queda inde-
finido), pero en 1581, Fr. Juan de Rivadeneyra informaba:
"Hay en esta ciudad seis iglesias, sin la Catedral, que son siete"
(*La Asunción de antaño*, p. 66). Se percibe como un eco de esta
frase en el texto de *Zama*. En éste, como en otros pasajes ya
citados, la posible asimilación de otros textos interesa tanto
como el grado de veracidad de la información respectiva. Creemos haber demostrado, sin embargo, que en lo que concierne a
los aspectos topográficos y edilicios, la novela es fundamentalmente fiel a las fuentes documentales que le hemos atribuido.

Capítulo 2

El contexto histórico

El período histórico en el que se desarrolla la acción de *Zama*
corresponde a la época de reformas político administrativas que
se realizaron bajo el régimen borbónico de Carlos III. La más
importante de estas reformas —en lo concerniente a las colonias— fue el establecimiento del Régimen de Intendencias, por
el cual se introdujo, en los últimos años de dominación española, una nueva organización administrativa y legal.[1] La Real Or-
denanza de Intendentes para Buenos Aires fue dictada en 1782
y, poco más de cinco años, se extendió a Lima, Nueva España y,
en general, al resto de América. Las Intendencias suplantaron el
sistema de Corregimientos, desapareciendo por tanto el cargo
de Corregidor; los antiguos Gobernadores de los territorios co-
loniales fueron substituidos por los Intendentes Gobernadores,
sometidos en parte a la autoridad del Virrey, y en parte a la del
Intendente General. Al mismo tiempo, los Cabildos Municipales
perdieron autonomía; sus atribuciones tradicionales en asuntos
de justicia y policía pasaron a ser privativas de los Gobernadores
Intendentes, y en lo fiscal se vieron suplantados, en gran medida, por las Juntas Municipales, los Gobernadores Intendentes y
la Junta Superior de Hacienda.[2] Entre 1793 y 1800 se delimi-
taron las funciones y responsabilidades de los jueces y asesores,
de acuerdo a la nueva legislación, estableciéndose distinciones

[1] *Cf.* Ricardo Levene, "Introducción a la historia del Derecho Indiano", *Obras* (Buenos Aires: Academia Nacional de la Historia, 1962), III, p. 241.

[2] *Cf.* José María Ots y Capdequí, *Instituciones* (Barcelona: Salvat, 1959). pp. 464-5.

entre letrados y legos.[3] El cambio institucional tuvo por objetivos una administración más eficaz y mejor controlada desde la Metrópoli, y el incremento de los ingresos del Tesoro, propósitos que en efecto logró cumplir. Pero el nuevo régimen produjo, por otra parte, el desplazamiento de los criollos que habían ocupado cargos de Gobernadores, Alcaldes Mayores y Corregidores, y su substitución por funcionarios peninsulares. Este hecho tendría, a los pocos años, decisivas consecuencias políticas para la América española.

Las circunstancias que acabamos de señalar, aunque no sean explícitamente mencionadas en el texto de la novela son, sin embargo, el factor que desencadena el drama de su protagonista. Diego de Zama era uno de esos criollos que habían ocupado el puesto de Corregidor; en el cumplimiento de sus funciones dominó la rebelión indígena y pacificó territorios, desempeñándose como jefe militar y como juez. Su conducta enérgica y valiente le había ganado "honores del monarca y respeto de los vencidos" (p. 13). Pero esta actuación, cuyo recuerdo lo elevaba ante sus propios ojos, pertenecía a un tiempo irrevocablemente clausurado. Al comenzar el relato, Diego se encuentra ejerciendo el cargo de Asesor Letrado, puesto al que lo acreditaba su Licenciatura en Leyes, y con el que la Corona favorecía a algunos de los funcionarios desplazados por el cambio administrativo. En su condición de Asesor Letrado, Diego se sentía hombre "menguado" con respecto a la imagen de Corregidor bravío que asociaba a su actuación anterior. Había sido "un hombre sin miedo, con una vocación y un poder para terminar... con los crímenes" (p. 14). Su presente vida, dedicada a "funciones sin sorpresa ni riesgos" lo deprimía, en cambio, por lo oscura y deslucida. El cargo de Asesor Letrado se colocaba en segundo rango, después del de Gobernador, en toda la extensión de la provincia. Sin embargo, Diego no se veía a sí mismo como persona de rango alto, ni era tratado como tal por el Gobernador. Su relación con éste es de dependencia, tanto en lo que se refiere al desempeño de sus tareas, como a sus intentos de conseguir cargo de mayor jerarquía en otra ciudad. Los Gobernadores Intendentes, según

[3] *Ibid.,* p. 443.

afirma Levene,[4] se condujeron como "virreyezuelos". A través de la novela se insinúa su conducta arrogante y despótica, atenuada solamente por generosidades demagógicas.

Los Gobernadores de Asunción, presentes pero no identificados en *Zama* son, de acuerdo a las fechas que enmarcan el relato, Joaquín de Alós, y Brú (1785-1796) y Lázaro de Rivera y Espinosa de los Monteros (1796-1808).[5] El primero de los gobernantes termina sus funciones, según la novela, con anterioridad a 1794. Esto no concuerda con la información histórica que sitúa el cambio en 1796. El texto indica que, a cargo de la administración queda, con carácter interino, el jefe del regimiento, Teniente de Gobernador. Al comenzar la segunda parte de la obra, fechada en 1794, aparece el nuevo Gobernador titular. Estos funcionarios sin nombre gravitan en la vida del protagonista. Diego sufre sus abusos de autoridad, pero sabe que debe cuidar el puesto, precisamente para poder desembarazarse de él. Su primer jefe lo trata como a un subordinado del que se dispone libremente. Esto lo humilla y exaspera, tal como expresa en el siguiente párrafo:

"El gobernador tenía indicado que en cuanto
yo llegara me pusiese a sus órdenes. Esto
implicaba antesala, hasta que él se dignase
franquearme el paso. En esta ocasión se re-
tardó hasta crisparme de impotencia" (p. 35).

Cuando, para ayudarlo, su jefe ordena el exilio de Ventura Prieto, Diego no atina a agradecérselo. La injusticia y crueldad de la orden lo dejan perplejo, ya que Prieto era la víctima inocente de su injustificado ataque. Además, el Gobernador había procedido por su cuenta, sin consultarlo, mostrando en la forma de favorecerlo su habitual prepotencia. Con el Teniente de Gobernador, el Asesor Letrado tiene escaso contacto. Era aquél hombre de armas, y "no pretendía orden más que en su cuartel" (p. 102). Su administración benefició, sin embargo, a funcionarios y empleados, al ordenar se pagasen los sueldos atrasados, ni bien en-

---

[4] Levene, *Obras*, III, p. 243.

[5] *Cf.* Antonio Zinny, *Historia de los gobernantes del Paraguay 1535-1887* (Buenos Aires: Imprenta y Librería de Mayo, 1887), p. 199 y ss.

trara el dinero. Por primera vez dispuso Diego de recursos para ayudar a su familia lejana. Pero sus penurias económicas, referidas con insistencia a través de la novela, sólo reciben con esto un pasajero alivio. Su sueldo era, oficialmente, de mil quinientos pesos. De éstos, mil corrían a cargo del presupuesto de la ciudad, la cual no contaba con suficientes fondos para pagarlos. El sueldo real se reducía, pues, a quinientos pesos que cobraba con irregularidad.

Félix de Azara, en *Geografía física y esférica*, escribe acerca de los sueldos que percibían los funcionarios de la Colonia en la época que nos ocupa. Las condiciones descritas por la novela coinciden con lo que dicho autor informa, en el siguiente texto:

> "El Gefe de la Provincia es un Gobernador con 6600 pesos, al que el Rey nombra un asesor letrado con 1500 pesos de los cuales los mil debe cobrarlos de los propios de la ciudad; pero como éstos se reducen á casi nada, percibe poco más de los quinientos. Si se le pagase por entero sería el sueldo suficiente aunque inferior respecto al del Gobernador y Ministros principales de la Real-Hacienda que tienen 2 mil bien cobrados y la casa" (pp. 435-6).

Critica Azara la práctica de dar los puestos mejor remunerados a los europeos, quienes ponen mayor empeño en enriquecerse que en atender al cumplimiento de la ley. Ilustrativos de esta situación son, en *Zama*, don Godofredo Alijo y don Honorario Piñares de Luenga, ministros de la Real Hacienda. El primero aparece solamente en la descripción de una fiesta que hace en su casa. Del segundo, sabemos que pasaba largas temporadas en su estancia de Villa Rica, donde tenía yerbales, cuidando de sus negocios. Su deseo era "disfrutar en España de los bienes acumulados en América" (p. 99). Cuando hubo adquirido suficiente fortuna, renunció al cargo, "sin apetecer siquiera otro en la corte ni en lugar alguno del territorio español" (*Ib.*) En ningún momento aparecen, Piñares o Alijo, desempeñando las funciones por las que los remuneraba el Rey. Zama era, en cambio, el único americano con cargo importante en la administración de la provincia, y dependía, para su supervivencia, de su ya reducido sueldo. La irregularidad en los pagos afecta su vida, ocasionándole privaciones y situaciones humillantes. Comparado con los funcionarios peninsulares que, como los ministros de la Real Hacienda o el Gobernador, poseían "bienes y rentas propias dentro de la misma provincia" (p. 129), el criollo Zama no pertencía, en verdad, a la jerarquía alta. Los años transcurren, para el protagonista, sin que ellos le traigan alivio económico ni mayor protección contra las arbitrariedades de sus jefes. El nuevo Gobernador era "desarreglado, desparejo de carácter, a veces de costumbres ordinarias" (p. 110). Sus impulsos generosos alternaban, caprichosamente, con actitudes desconsideradas y prepotentes.

Es difícil constatar si los Gobernadores que aparecen en *Zama* han sido concebidos según el modelo de los personajes históricos que ocuparon el puesto durante los años que abarca la novela. La información disponible sobre Don Joaquín de Alós lo describe como un "bardelonés linajudo" quien, en calidad de Corregidor de Chayanta, se señaló por ser "uno de los funcionarios que más expoliaron a los indígenas".[6] A pesar de que se le hizo prontuario por sus comprobados abusos, fue eximido de cargos y elevado al puesto de Gobernador de la Provincia del Paraguay. En contraste con sus antecedentes negativos, su administración de la provincia ha sido descrita como eficiente, dinámica y progresista.[7] Con respecto a Lázaro de Rivera, se ha señalado que éste era "un sujeto autoritario, enérgico y que no reparaba en cometer cualquier arbitrariedad para imponer su deseo".[8] Su administración estuvo rígidamente concentrada en una sola persona, y se destacó por frecuentes injusticias y abusos. Sin embargo, esa política tiránica de Lázaro de Rivera tuvo consecuencias saludables para la economía, lo cual permitió que el Estado abonase los sueldos que adeudaba a sus funcionarios. La época de su gobierno ha sido caracterizada como brillante, a pesar de su despotismo y arbitrariedades.[9] En la novela, el pago

---

[6] Efraín U. Bischoff, *Dr. Miguel Gregorio de Zamalloa* (Córdoba: Imprenta de la Universidad, 1952), p. 73.

[7] Enrique Udaondo, *Diccionario Biográfico Colonial Argentino* (Buenos Aires: Ed. Huarpes, 1945). p. 54.

[8] Bischoff, p. 93.

[9] *Cf.* Zinny, p. 208; Udaondo, p. 762.

de los sueldos se atribuye, como ya mencionamos, a la decisión del Teniente de Gobernador,en el ejercicio temporario del mando. No hay datos disponibles sobre este gobierno interino, que tal vez no haya ocurrido en la realidad histórica; esto último es posible, ya que las fechas en que desempeñaba sus funciones caen dentro del período de Joaquín Alós, según las fuentes citadas.

Además de la reorganización en la estructura del gobierno colonial, otro importante cambio político-económico tuvo lugar durante el período inmediatamente anterior a la época de *Zama*. Nos referimos a la abolición de las encomiendas. La implementación de esta medida, a la que habían precedido varias disposiciones y decretos desde el comienzo del siglo XVIII, encontró prolongada resistencia, y existe prueba de que, hasta fechas cercanas a las de la novela, aún se permitían excepciones. Silvio A. Zavala afirma que, todavía en el año 1769, se hallan en el Paraguay ejemplos de encomiendas autorizadas por el Rey.[10] Sin embargo —el mismo estudioso aclara— el régimen español extinguió la institución de las encomiendas con anterioridad a la independencia de las colonias. En *Zama*, el Asesor Letrado recibe una petición de encomienda. El solicitante es un anciano, descendiente de adelantados y emparentado con Irala, que había sido de los antiguos pobladores de Concepción. Empobrecido ahora, pide esta ayuda para su mujer y su nieta huérfana. La situación novelada contiene veracidad histórica, de acuerdo a los datos recogidos por Azara, quien informa que, aunque la sangre de Irala "subsiste en algunos pobladores de la Concepción, éstos son punto menos que mendigos" (*Geog.*, p. 30). Verdad es, asimismo, que la promesa de encomienda, impulsivamente hecha por Diego al anciano, hubiera sido para entonces difícil de cumplir. El texto, de todos modos, indica la falta de seriedad con que procede el Asesor Letrado, cuando olvida reclamarle al solicitante "documentación probatoria de su ascendencia" (p. 37). Ventura Prieto, a pesar de ser español, y no criollo como Diego, critica el régimen de encomiendas y considera que "un papel antiguo con el nombre de Irala" no es mérito suficiente para "privar de la libertad a cien o doscientos nativos y hacerlos trabajar

---

[10]Silvio A. Zavala, *La encomienda indiana* (México: Porrúa, 1973), p. 255.

en provecho ajeno" (*Ib*.).

En este análisis de contexto histórico, nos interesa destacar el hecho de que el mundo de la burocracia, las leyes, los cargos administrativos, sueldos y el espíritu general de la época están, encapsulados, en la novela. Pueden señalarse, además, multitud de detalles que abarcan variedad de aspectos de la vida, y que contribuyen, en *Zama*, a la recreación del pasado. Por ejemplo, una brevísima referencia (p. 72) a la legislación y práctica establecida por la Colonia en lo concerniente al matrimonio entre las distintas razas. Desde los primeros años de la Conquista, la ley reconoció y sancionó los matrimonios entre españoles y mujeres de las distintas razas indias sojuzgadas. Más aún, puede afirmarse que la Corona y sus representantes en América favorecieron estas uniones. Ya en 1515, una Real Cédula declaraba como voluntad del monarca que "los dichos yndios e yndias tengan entera libertad para se casar con quien quisieren así con yndios como con naturales destas partes".[11] Este principio, varias veces ratificado, fue incorporado a la Recopilación de las Leyes de Indias de 1680. En el territorio que nos ocupa, puede citarse como ilustrativo de una actitud desprejuiciada y democrática, el temprano ejemplo de Adelantado Irala, quien aseguró, mediante el matrimonio, posición digna y distinguida a sus hijas mestizas, producto de su legítima unión con una indígena. Según Natalicio González, el proceso de mestizaje se hallaba terminado, hacia 1785, en el Paraguay.[12] El matrimonio de la mestiza libre, criada de Luciana, con un arriero, cuya raza no se menciona, nada tenía de infrecuente, tal como afirma el texto de la novela. La mudez de la mestiza tampoco era impedimento legal, ya que esta situación había sido prevista, siglos atrás, por las *Siete Partidas*, donde se establece que "los que estuvieran privados del habla" podían dar su consentimiento "por señales evidentes o por escrito" (ley 5, Título 2, *P.* 4).[13]

De interés histórico es también otro aspecto, al que alude la

---

[11] Ots, *Instituciones*, p. 365.

[12] J. Natalicio González, *Proceso y formación de la cultura paraguaya* (Asunción: Ed. Guarania, 1948), p. 215.

[13] Citado por Ots, *Instituciones*, p. 314

novela, relacionado con los problemas de salud'que afectaban a los habitantes de Asunción y con el estado de la medicina en aquella época y lugar del continente. A pesar de la tolerancia con que allí se veía el mestizaje, Diego se niega a tener relaciones sexuales con mulatas o indias. Teme contraer el mal gálico y, específicamente, "perder la nariz, comida por la enfermedad" (p. 19). Dichos temores eran comunes en esa época, si creemos a Félix Azara, según el cual era "cosa sabida que el español que se entrega á las indias queda por lo común desconocido, sin que baste muchas veces la medicina á socorrerlos. Una extrañeza de este mal es que aquí ataca por lo común las narices, y jamás las glándulas del cuello" (*Geog.*, p. 416) Tenemos noticia de que, en época anterior, el mal gálico había afectado a los conquistadores, entre ellos Don Pedro de Mendoza, quien —según la *Crónica* de Ulrico Schmidl— fue atacado por esta enfermedad, que lo dejó tullido.[14]

La indígena que Diego descubre, tumbada en una zanja, padece "flujos de sangre", mal que los curanderos trataban, apunta el texto, con "sahumerios de hojas de güembé" (p. 37); esta información puede encontrarse, también, en Azara (*Geog.*, p. 19). Otra enfermedad mencionada en la novela es la que afecta los ojos de Luciana y tiene, por síntoma, el párpado caído. Sobre este mal, que aquejó con frecuencia a los primeros pobladores de Asunción, escribe Aguirre en su *Discurso histórico*: "La Iglesia de Santa Lucía fue de las primeras con particular devoción de los conquistadores por el frecuente mal de ojos u ophtalmía de que adolecieron mucho.[15] Una referencia anterior a este problema se halla en *La Argentina* de Ruy Díaz de Guzmán, quien atribuye el "mal de ojos" a "los vapores y ardentía del sol" (p. 188). Para tratar éstas, y otras enfermedades, los asuncenos de *Zama*, como los de la época que reconstruye, recurren a curanderos. "Tanto los americanos como los españoles, y éstos de las clases más distinguidas, para remedio de sus achaques preferían, antes que al cirujano, al cura experto, y más que

---

[14]Ulrico Schmidl, *Crónica del Viaje a las Regiones del Plata, Paraguay y Brasil* (Buenos Aires: Talleres Peuser, 1948), p. 75. Ver, también, Barco Centenera, Canto IV.

[15]*La Asunción de antaño*, p. 81. Ver, también, p. 43 del mismo libro.

al cura experto, al curandero" (p. 39). Diego va a buscar a la indígena enferma a casa de la *gûaigüí*, la vieja "médica", y encuentra que ésta y su asistente están recogiendo los canutos de caña con orinas, para el diagnóstico. Según Azara (*Desc.*, p. 198), en cada distrito del Paraguay había, en aquella época, un curandero. Este iba los días de fiesta a la parroquia, y sentado a la puerta de la iglesia esperaba que los enfermos le enviaran la orina, a la que llamaban "sus aguas", en un canuto de caña. El texto de *Zama* incorpora esta información, notando que los "médicos" acudían a la ciudad sólo en día de fiesta religiosa, pero había una curandera "con residencia fija y consulta permanente" (p. 39).

La tercera parte de la novela, con sus numerosas referencias a las tribus indígenas, también contiene elementos de interés histórico. Indios, criollos y españoles peninsulares constituyen una compleja realidad humana; de ellos nos ocupamos en el capítulo siguiente. En lo que concierne al presente tema, queremos señalar la autenticidad del cacique Nalepelegrá, quien no es personaje enteramente ficticio. Informa Azara (*Geog.*, pp. 374-5) que los mbayá tenían varios caciques, pero los principales eran cuatro, llamados Codoalotoquí, Natogotaladí, Navidrigí y Nalepenegrá. Con la pequeña diferencia de una letra —la cual no deja de ser significativa— el personaje está concebido, probablemente, a partir de los datos que proporciona ese autor.

Las páginas precedentes han demostrado que la escritura de *Zama* se apoya en un andamiaje deliberadamente construido, con múltiples referencias a textos científicos e históricos. Con ellos, Di Benedetto diseña el recinto temporal de su obra, del mismo modo que ha establecido su recinto espacial.

El protagonista. Un posible modelo histórico

Desde el punto de vista histórico, el personaje principal tipifica, según vimos, circunstancias de vida que corresponden a la época evocada. Diego de Zama, Corregidor enérgico y justiciero, había conquistado honra y respeto como pacificador de indios. Lo conocemos, en época posterior, cuando se desempeña como Asesor Letrado del Gobernador, cargo en el que se siente aminorado y descontento. La ineficiencia y arbitrariedad con que se manejaban las instituciones virreinales, especialmente en esas zonas pobres y alejadas del Imperio Español, transformaban a sus funcionarios en caballeros mendicantes, a la merced de los favores de la Corona. Zama se ve condenado a la pobreza, y a una espera impotente que lo mantiene separado de su familia. Su soledad y desamparo van socavando el sostén moral y psicológico de su personalidad.

El autor de *Zama* no ha nombrado —según la información disponible— ninguna figura histórica inspiradora de su protagonista. Podría, en verdad, haber imaginado libremente la vida de un oscuro funcionario del régimen colonial. Sin embargo, existe un posible antecedente histórico de nuestro Asesor Letrado, y hay demostrables coincidencias entre dicha persona real y la imaginada por Di Benedetto. Nos referimos al Dr. Miguel Gregorio de Zamalloa (1753-1819), cuya biografía se conoce gracias al libro de Efraín V. Bischoff, publicado por la Universidad de Córdoba en 1952.[16] Lugar y fecha de publicación son significativos,, ya que la investigación previa a la escritura de *Zama* fue hecha por Di Benedetto en la biblioteca de dicha Universidad, hacia 1955.[17] Más allá de la obvia coincidencia parcial de los nombres,[18] una breve reseña de la vida de Zamalloa, que se incluye a continuación, permitirá establecer paralelos con el personaje de la novela.

Miguel Gregorio de Zamalloa nació en Jujuy, hijo de español y criolla, el 10 de mayo de 1753. Graduado en 1776 de la Universidad de Córdoba, recibió tres años más tarde el título de Doctor en Práctica Forense de la Universidad de Chuquisaca. Obtiene, entonces, el puesto de Corregidor de Chichas anteriormente otorgado a su padre, quien había muerto sin alcanzar a

---

[16]*Ob. Cit.*, ver Nota 6. En comunicación privada, Di Benedetto nos ha asegurado que no conocía el libro de Bischoff cuando escribió su novela. La biografía del Dr. Zamalloa no podría, pues, haber influido en la concepción de su personaje. Queda en pie, sin embargo, el marcado paralelismo que aquí señalamos. Tal vez sea éste una consecuencia lógica de haber recreado el autor un tipo humano y unas condiciones de vida muy generalizados en la época referida.

[17]Lorenz, p. 132.

[18]El nombre del protagonista es, también, el del sitio en que se libró una batalla famosa. En el capítulo 3 analizamos el posible significado de esta coincidencia.

ejercerlo. Para asumir sus funciones el Dr. Zamalloa, recientemente casado, debe dejar a su mujer en Jujuy. Desempeña el cargo durante un período agitado y violento que sucede a la rebelión de Tupac-Amarú de 1780, y logra pacificar la región, distinguiéndose por su valentía, honestidad y eficacia. La abolición de los Corregimientos, y la reorganización de los Virreinatos en Intendencias acaban con su cargo. A pesar de sus reconocidos méritos, Zamalloa no obtiene un puesto ventajoso. Se lo nombra, interinamente, Teniente Asesor Ordinario en el Paraguay, posición que lo obliga a separarse nuevamente de su mujer. Comienza entonces el período de la vida de Zamalloa que puede haber sido libremente evocado en la novela. El pasado atribuido al protagonista es similar al de su probable modelo real (pp. 13-4). Las circunstancias que marcan la vida del Dr. Diego de Zama (Licenciado, "aunque no de Córdoba") como Asesor Letrado coinciden, según la obra de Bischoff, con las de Zamaolla, una vez asumido su puesto en el Paraguay.

Se trata, evidentemente, de la misma época. El 11 de enero de 1786 (Bischoff, p. 67) se reúne el Cabildo de Asunción, con asistencia del Gobernador Intendente, Don Pedro Melo de Portugal, para recibir al Dr. Zamalloa. La novela se inicia en 1790, y sabemos que Diego había arribado catorce meses antes a esa ciudad (p. 12), pero no se menciona, como hemos dicho, el nombre del Gobernador. La biografía utiliza el texto de Azara (*Geog.*, pp. 235-6), citado por nosotros, para deducir la remuneración que le correspondía a Zamalloa en su calidad de Asesor. La explicación que Diego da de su sueldo, el oficial y el verdadero, coincide —como indicamos— con esos mismos datos, lo cual sugiere, nuevamente, el posible vínculo entre los dos personajes, el histórico y el novelesco. Además, en ambos casos, el nombramiento con el que estos funcionarios asumen su cargo tiene carácter de interino, y está sujeto a la confirmación del Rey. Bischoff describe con detalle la incertidumbre, los apremios económicos, y la soledad que marcan la vida de Zamalloa en el Paraguay, desde la fecha ya indicada hasta agosto de 1799, cuando es transferido a Montevideo, a situación menos favorable aún que la que tuvo en su puesto de Asunción. Durante esos largos años habían escrito, él y sus protectores, innumerables e inútiles cartas, informes y peticiones para que se tuvieran en cuenta su desesperada situación económica, su problema de separación familiar, y los méritos que lo hacían acreedor a un cargo de mayor jerarquía.

La vida de Diego de Zama en los años que van de 1790 a 1799 corresponde, en lo objetivo y concreto, a la de Zamalloa durante el mismo período. Hay diferencias importantes, sin embargo, en cuanto a la personalidad y conducta respectivas, como también en los referente a los sucesos ulteriores a 1799, incluidos por la biografía, pero que no entran en el marco de la novela. El personaje histórico, tal como lo conocemos, soportó con entereza los años de prueba y, finalmente, alcanzó posiciones de influencia durante los últimos años de su vida. En contraste con la ejemplar conducta de Zamalloa, el protagonista de *Zama* es un ser débil que sucumbe a una progresiva degradación. Concebido de acuerdo a pautas contemporáneas del autor, su psicología y conducta son anacrónicas con respecto al contexto histórico en que lo sitúa.[19] Ellas corresponden —como mostramos más adelante— a la alienación y parálisis moral del anti-héroe, según los modelos literarios que eran prevalentes durante la época de escritura de la novela. La disparidad moral y psicológica entre Miguel Gregorio de Zamalloa y Diego de Zama no anula, sin embargo, el hecho de que a través de sus vidas, la documentada y la imaginada, nos pongamos en contacto con los mismos aspectos del mundo colonial: una burocracia ineficiente y elusiva, complicada por las intrigas y vanidades de sus funcionarios, quienes están forzados a una vida insatisfactoria y precaria, en alejadas regiones del Imperio, donde sólo los retiene la necesidad.

Contexto histórico y contemporaneidad

La crítica literaria, al ocuparse de *Zama*, tiende a descartar la importancia de los elementos con los que la obra recrea el escenario físico y la época histórica. El autor declara, por su parte,

---

[19] *Cf.* Noé Jitrik, *La nueva promoción* (Mendoza: Ed. de la Biblioteca San Martín, 1959), pp. 52-5. Jitrik afirma, acertadamente, que "Di Benedetto ha encarnado en la persona de Zama una actitud más contemporánea que su personaje". Esta opinión concuerda con la expresada por Antonio Pagés Larraya, en su reseña de la novela (*La razón*, 29/12/1956).

que no se propuso escribir una novela histórica, y que una vez "saturado de conocimientos", tiró "la información por la borda" y escribió libremente, sin consultar más sus fuentes (Lorenz, p. 132). Hemos mostrado, sin embargo, que esta base documental es un factor operante en la escritura de la obra. La contribución de datos verídicos, y el ánimo recreador no se concretan, por cierto, en descripciones o pasajes eruditos. Se trata de una asimilación de textos, cuya presencia en el texto de la novela es detectable, pero sutil. Di Benedetto ha utilizado sus conocimientos con gran economía y selectividad, logrando una prosa tersa que no delata sujeción alguna a un mundo fuera de la narración. Ha desechado, deliberadamente, la posibilidad de imitar el lenguaje de la época, y es sobrio en el empleo de algunos "valores evocadores".[20] Menos de veinte palabras guaraníes, unos pocos giros arcaizantes, y una escritura libre de coloquialismos limitadores, son el total de recursos lingüísticos de que se vale para crear la atmósfera correspondiente a tiempo y lugar. Así concebido, el texto y sus alusiones —más que explícitas referencias— al contexto geográfico e histórico, le permiten la evocación buscada. Creemos exagerada, sin embargo, la caracterización de la novela como "falsamente histórica",[21] o la afirmación de que no hay escenario en ella porque el contorno físico sólo se manifiesta como circunstancia del personaje.[22] *Zama* es, en efecto, una novela contemporánea que nos introduce, como afirma Adolfo Ruiz Díaz, en "un mundo sin guías turísticas ni cartas de recomendación", y "nos impone una convivencia de partes responsables, no de espectadores fuera del contexto".[23] Naturalmente, un novelista que escribe a mediados de nuestro siglo no hace descripción separada de personaje y contorno, ni ofrece semblanzas físicas o caracterizaciones psicológicas. Nada

---

[20] *Cf.* Stephen Ullmann, *Semántica* (Madrid: Aguilar, 1976), pp. 149-50.

[21] Fermín Fevre, "Valoración de *Zama*", *Criterio* (Buenos Aires, 26/10/1972). p. 598.

[22] Adolfo Ruiz Díaz, "La segunda edición de *Zama* (1967)", *Revista de Literaturas Modernas*, No. 7 (Univ. de Cuyo: Instituto de Letras, 1968). p. 138

[23] *Ibid.*, p. 139.

de esto anula la existencia de un tiempo y espacio de la novela, distintos del tiempo y espacio de su escritura.

No nos proponemos, con estas páginas, clasificar la obra como novela histórica ni, menos aún, compararla con los modelos decimonónicos de ese género. Conviene recordar, sin embargo, que las teorías acerca de la novela histórica, pasadas y presentes, coinciden en señalar la necesidad de un vínculo entre el material histórico presentado en la obra, y nuestra vida contemporánea. Goethe escribía, en su época, que había que otorgar al pasado una cultura superior de la que tenía, más cerca de la inteligencia y la sensibilidad del lector. Hegel acepta, como inevitable y necesario anacronismo, el hecho de que los personajes, en su manera de hablar y en la expresión de sus sentimientos e ideas, no reflejen con fidelidad el período, nivel de civilización y visión del mundo que ellos representan.[24] Más recientemente, Georg Lukács, en su ensayo sobre *La novela histórica*, concuerda con Hegel en ver como rasgo característico del género el hecho de que el pasado plasmado por el escritor sea "reconocido y vivido claramente como *prehistoria necesaria* del presente".[25] En el capítulo siguiente mostramos que, efectivamente, Di Benedetto ha recreado un pasado en el que percibe, desde nuestro siglo, las raíces del presente. La perspectiva contemporánea de la obra se hará evidente, asimismo, en capítulos posteriores.

Di Benedetto, y algunos de sus críticos, han restado importancia a la dimensión histórica de *Zama*, convencidos —según parece— de que el intento de fidelidad arqueológica es lo que define la novela histórica. Apuntemos, sin embargo, que en años anteriores a la escritura de la novela, Amado Alonso publicó, en Buenos Aires. su *Ensayo sobre la novela histórica*.[26] En este libro, probablemente leído por nuestro autor, Alonso rechaza la idea de que la fidelidad arqueológica y la ausencia de anacronismos sean requisitos del género histórico.

[24] *Cf*. G. W. F. Hegel, *Aesthetics. Lectures on Fine Arts* (Oxford: Clarendon Press, 1975), I.

[25] Georg Lukács, *La novela histórica* (México: Ed. Era, 1971), p. 69.

[26] Amado Alonso, *Ensayo sobre la novela histórica. El modernismo en La gloria de Don Ramiro* (Buenos Aires: Fac. de Filosofía y Letras, 1942).

No nos es posible tratar aquí de éstas u otras teorías acerca de la definición —y la legitimidad— de la novela histórica como género literario, problema que obviamente excede los límites de este estudio. Creemos que los puntos de vista, arriba citados, confirman la validez de nuestro análisis, cuyo propósito es definir el grado de historicidad de *Zama*, antes de interpretarla como ficción contemporánea.

Capítulo 3

Indios, criollos, españoles

Los Indios

Zama contiene mención breve, pero específica, de distintas tribus indígenas, con referencia a los tipos humanos, habilidades, costumbres y ritos. En cada caso, que a continuación se detalla, puede confirmarse la veracidad de los datos incluidos en el texto. Los indios de la novela no están, sin embargo, revestidos de verdadera humanidad. Sus tipos y costumbres son mencionados en forma distante y casual, sin evidente interés o curiosidad; Diego constata, sin asombro, la existencia de esas criaturas, con las que cree no tener nada en común.

En la primera parte, se encuentra una referencia a los guaycurúes. Leemos allí que la criada de Luciana había intentando escaparse de su amo, en su primera juventud. Se lanzó, para ello, al río con la idea de llegar al Chaco y reunirse con los guaycurúes, "no obstante saberlos salvajes" (p. 72). La caracterización de estos indios, en la novela, coincide con la que han proporcionado, entre otros, Barco Centenera (Canto III, p. 19), Díaz de Guzmán (pp. 26-7) y Núñez Cabeza de Vaca (pp. 144-161), en sus obras aquí citadas, así también como Azara (*Desc.*, p. 151), quien se documentó en las crónicas anteriores a su época. En el prólogo a su edición de *Geografía física y esférica del Paraguay*, Rodolfo R. Schuller afirma que el nombre de "Guaycurú" —derivado de "gúaí": pintado y "curu": sarna (cicatriz) no designaba una tribu en particular sino que se aplicaba, colectivamente, a distintas tribus feroces y nómadas del Chaco, preferentemente a las que vivían "desde la embocadura del Pilcomayo hasta las tierras de los Guaná" (CXVIII). En cualquier caso, todos concuerdan en señalar el salvajismo y la belicosidad de estos indios que, según leemos en Díaz de Guzmán, daban "continua pesadumbre á los vecinos de la Asunción".

Sobre los indios mbayas, la novela incluye información más detallada. En un diálogo entre Luciana y Diego, mucho antes de que éste emprenda la expedición que lo llevará a sus tierras, Luciana le explica el método usado por las mujeres de esa tribu para provocar el aborto, y así reducir la natalidad. Félix de Azara, en sus libros,[1] condena esta práctica —también extendida entre los guaycurúes— mediante la cual las indias evitaban tener más de un hijo. A ella, y no a las guerras, atribuye el citado estudioso el exterminio de estos altos y fuertes indígenas. Luciana había tenido motivos más íntimos para evitar la maternidad. La referencia a las mbayas —más libres en esto que sus congéneres europeas— le sirve para introducir, en la conversación, su propia experiencia de mujer sometida, casada sin que se consultara su voluntad, por inapelable decisión paterna.

Los indios mbayas, habitantes de los terrenos bajos y pantanosos del Chaco Boreal, en la costa occidental paraguaya, han sido frecuentemente descritos como una raza altiva y guerrera. Tenían por esclavos a los guanas, de índole pacífica y trabajadora, los cuales les servían en el cultivo de las tierras, en traer leña, guisar, armar toldos o casas y cuidar de sus caballos "sin más estipendio que la comida" (*Desc.*, p. 135). Se ha puesto en duda, sin embargo, que hubiera entre estas dos tribus una relación de amo y esclavo. "Los vanos y fieros *Mbayá*... se creen señores de los *Guaná*", dice Azara, pero "esta supuesta esclavitud se reduce á nada porque ni el *Mbayá* tiene que mandar, y el *Guaná* se va cuando se cansó de disfrutar á su señora, ó se le antoja: en lo poco que cultivan tienen ellos la misma parte que los que se figuran dueños" (*Geog.*, p. 386). Es admirable, comenta Azara, la conducta de los *Guaná*, ya que son "diez veces más numerosos que los *Mbayá* y de la misma talla, armados de las mismas lanzas, macanas ó garrotes, flechas y de igual espíritu, y sin más diferencia que la de no tener caballos" (*Ib.*). Los "guanaes" aparecen, en *Zama*, antes que sus señores. Se les describe "altos,

---

[1] *Cf. Desc.*, pp. 141-2; *Geog.*, pp. 377-8.

bien formados, sin cejas, con una raya de pintura azul que les marcaba la frente y bajaba por la nariz" (p. 178). Estos datos, y los referentes a la índole de sus relaciones con los mbayas, siguen de cerca las fuentes citadas: "Eran indios guanaes y de consiguiente pacíficos... Iban a sumarse a la población mbaya con el objeto de disponer de caballos" (*Ib.*).

Se ha escrito mucho sobre la importancia que tenían los caballos en la vida de los mbayas. Desdeñosos de toda otra ocupación, no hacen —dice Azara— "sino cazar y pescar para vivir, y la guerra. Para esto tienen bastantes y buenos caballos que estiman mucho" (*Desc.*, p. 139). El esmero que ponían en conservarlos ha sido especialmente comentado por el P. José Sánchez Labrador, en su libro *El Paraguay Católico*;[2] A. Métraux dedica cuatro páginas a ese tema, en sus "Estudios de etnografía chaquense".[3] En el adiestramiento y uso de caballos, los indios imitaron a los españoles, de los que también aprendieron a domesticar perros. Según Métraux, los *Mbayá* no adquirieron perros domesticados hasta poco antes de finalizar el siglo XVIII. Esa es, precisamente, la época de la novela, y en ella aparece una cuadrilla de perros adiestrados para la caza.

Los mbayas de *Zama*, con el cacique Nalepelegrá a la cabeza, atacan a los españoles, e imponen sus condiciones de paz. Los guanaes sirven de intermediarios entre los dos bandos. La belicosidad y el orgullo de los mbayas se manifiestan en la conducta de Nalepelegrá hacia los españoles. Los obliga, el cacique, a asistir a una fiesta, parte de la cual consiste en una pelea o batalla ritual, en la que los indios demuestran su bravura. Después de ella, se hacen las presentaciones, ceremonia en la que exige, otra vez, su acatamiento. Finalmente, Nalepelegrá los despoja de sus vacas, dándoles por compensación unos consejos que indican su actitud condescendiente. Debían, en su opinión, hacer un gran rodeo de vacas, sacándolas de los bosques, y volver a su tierra, abandonando la búsqueda del hombre blanco, porque "todos los hombres blancos son igualmente malvados" (p. 186). Exceptuaba de esta generalizada censura al Capitán Parrilla, a

---

[2] P. José Sánchez Labrador, *El Paraguay Católico*, I (Buenos Aires: Imprenta de Coni Hermanos, 1910), pp 290-1

[3] *Ob. cit.*, p. 290 y ss.

Zama y a sus soldados, cuyos nombres se envanecía de recordar.

Hay referencia, en la novela, a la expresión de duelo que era usual entre esos indios. Por Azara sabemos que se atravesaban "una espina gruesa de pescado, metiéndola y sacándola como quien cose" (*Desc.*, pp. 112-3). El cacique Nalepelegrá anunció que, como gesto de buena voluntad, los indios compartirían con los españoles el duelo por la muerte de sus compañeros de armas. Una de sus hijas "permanecería encerrada en su toldo tres días, con espinas de pescado clavadas en los brazos" (p. 182). La ceremonia de duelo no desmiente, sin embargo, el hecho de que la vida era posesión efímera, de valor reducido, para indígenas y soldados. El texto así lo indica, al informarnos que habían sido "carneados" tres de los soldados, y Diego no pudo dolerse por ellos, pues no sabía quiénes eran (p. 184).

Otras dos tribus indígenas, a las que alude el relato, son los caaguaes y los mataguayos. De los primeros leemos que eran enemigos de los mbayas, dicho lo cual el texto los abandona. En cuanto a los mataguayos de *Zama*, ellos habían cegado, con cuchillos encendidos al rojo, a toda una población indígena. Con respecto de esta tribu, Lorenzo Hervas escribe que es una "nación no poco numerosa, y la más vil del Chaco".[4] Tal vez a esta mala fama se deba el que la novela les atribuya tan extremado sadismo.

A pesar de estos indicios de una presencia indígena, que hemos subrayado, el universo del indio permanece cerrado, tanto para el protagonista y voz narradora de *Zama*, como para el lector de la misma. Diego se une a una expedición que lo aleja del mundo civilizado, con la esperanza de conquistar un regreso triunfante a la civilización. Para este hijo de un siglo racionalista, cuyo ideal es el progreso, los aborígenes son sólo bárbaros que hay que civilizar. Cualquier impulso por conocer y comprender sus culturas hubiera sido anacrónico, ya que este interés no se manifiesta hasta comienzos de nuestro siglo. Zama tiene, por el contrario, puestos los ojos más allá de lo indígena, de lo mestizo y, aún, de lo americano, en una Europa blanca, culta e idealizada. Aunque criollo él mismo, y víctima de un régimen colonial arbitrario, asume las actitudes y los valores del conquista-

---

[4] Lorenzo Hervás, *Catálogo de las lenguas*. 6 vols. (Madrid, 1800-5), I, p. 164.

dor, en una postura que niega su identidad americana y los lazos que lo vinculan a su tierra. Diego es un desarraigado que cultiva su desarraigo, porque no acepta ser lo que es. Este conflicto —cuyo significado y expresión en el texto pasamos a analizar— está en la base de su conducta sexual, sus relaciones sociales, el desempeño de su cargo y, finalmente, su degradante y progresiva autodestrucción.

Criollos y españoles

Los personajes de la novela, con lo que el protagonista establece algún grado de comunicación, son españoles. En la primera parte aparecen el Gobernador, el oficial mayor Bermúdez, los ministros de la Real Hacienda: Godofredo Alijo y Honorario Piñares de Luenga, y Luciana, esposa de éste último. Ellos pertenecen al pequeño círculo distinguido de funcionarios altos y comerciantes ricos. De posición menos destacada son, en cambio, Don Domingo Gallegos Moyano, dueño de la pensión en que vive Diego, su hija menor Rita, el Capitán Indalecio Zabaleta y, finalmente, Ventura Prieto, español de jerarquía inferior a la de Zama. Con actitud ansiosa, que delata un sentimiento de inferioridad, busca Diego ser aceptado como español. En una fiesta ofrecida por el ministro Alijo, manifiesta con peligrosa arrogancia que sólo tendrá relaciones con mujeres blancas y españolas. Esta rigidez, que él trata de justificar confesando su temor del mal gálico, es incomprensible en un medio en el que prevalecen la mezcla de razas y la promiscuidad. Su exclusivismo sorprende al grupo de hombres españoles invitados por Alijo, para quienes tal conducta no es natural y resulta sospechosa. En vano intenta Diego seducir a Luciana, quien lo entretiene con coqueteos mientras —según el texto insinúa— acepta los requerimientos del oficial Bermúdez. Este último se presenta, en su mente, como "el capaz de ser amado", ya que el oficial mayor es también el seductor de Rita, la otra mujer deseada por Diego. Sin éxito en ambas empresas amorosas, debe buscar alivio pasajero en compañía de una mujer mulata, a quien abandona inmediatamente. Para Diego, la mujer blanca, inaccesible por fuerza de las circunstancias, es el único objeto posible de idealización erótica.

Dos situaciones de *Zama* podrían interpretarse como simbólicas de los conflictos, raciales y culturales, que han definido la historia de la América española. En el primer caso, un hombre había matado a una mujer morena a quien decía amar. Las circunstancias eran extraordinarias. Al despertarse una noche, después de haberse dormido "con un tabaco en la boca", vio que le había nacido "un ala de murciélago". Con repugnancia, buscó en la oscuridad su cuchillo y se la cortó. "Caída, a la luz del día, era una mujer morena" (p. 11). Este hecho extraño, relatado al comienzo de la novela, adquiere mayor significación al irse acumulando evidencia de una actitud prejuiciada por parte de Diego, en lo que respecta a sus relaciones con las distintas razas. El convicto había matado a la mujer morena, en la creencia de que extirpaba algo repugnante que le había crecido en su propio cuerpo. Zama, luego de satisfacer su urgencia sexual con la mulata, se siente culpable, no sólo por su infidelidad a la esposa lejana, sino también porque había intimado con una mujer de otra raza. A la luz del día, evitó dar con su propia mirada en el espejo. "Resistía mi propia mirada, pero consciente de que ante los ojos de Marta habría sentido necesidad de cortarme algo" (p. 60).

El siguiente sueño de Diego puede interpretarse, también, como expresión simbólica, más compleja, de los conflictos anteriormente aludidos. Comienza éste con una fantasía intra-uterina en la que Diego se ve deslizándose hacia afuera del recinto materno, para nacer. De pronto aparece "un individuo de reluciente casco de acero", y el proceso de nacimiento se detiene. La escena cambia entonces a una representación, a la que el protagonista asiste "vestido de fiesta", como invitado de honor. Al entrar, sin embargo, se encuentra, solo, ante las ruinas de un antiguo teatro. Su telón de fondo muestra figuras pintadas que representan "una batalla inmóvil". No puede dejar de mirar "esas pintadas figuras de caballeros y bestias", a pesar de que ellas acentúan su soledad. De este decorado se desprende "un jinete de casco reluciente", quien atraviesa el teatro galopando ruidosamente y lo cubre de tierra al pasar. Este sueño es referido inmediatamente después de una escena humillante para el protagonista, en la que se sugiere que Bermúdez ha conseguido de Luciana los favores que ésta le niega a Zama. La embestida del jinete podría representar la sexualidad agresiva y triunfante de Bermúdez. Llama la atención, sin embargo, que el sueño se relacione con el momento de nacer. La primera aparición demora el surgimiento de Diego a la Vida, y una vez fuera del recinto materno, otra figura, de similar apariencia, lo cubre de tierra. El "reluciente casco de acero" identifica a las dos figuras como hombres de guerra. Es posible que esta imagen del sueño sea simbólica del antepasado europeo, el conquistador. Su actitud altanera y despectiva corresponde a la que, según sabemos, caracterizó al español en sus relaciones con los naturales de América. Es significativo que, a lo largo de la novela, ni una vez mencione el protagonista a su padre, aunque recuerda a su madre y se duele por la pérdida del propio hogar, en el que ve la tradición heredada de sus padres y abuelos. La imagen onírica de un trauma sufrido con anterioridad al nacimiento reaparece, en la obra, como dato de la realidad, y con explícita referencia al conflicto de razas. La criada Tora tenía en su cuerpo la marca de heridas que había recibido cuando, encontrándose aún dentro de su madre, ésta fue atacada por un blanco. La raza dominante la había marcado desde antes de nacer.

El teatro antiguo, con su decorado, puede representar la historia, y la escena pintada, la lucha entre españoles e indios. La imagen de una batalla inmovilizada en el tiempo se asocia, además, al significado que tiene el nombre del protagonista. Pues Zama fue el sitio en que Roma derrotó a Cartago, heroicamente defendida por Aníbal, en el año 202 antes de Cristo. Esta batalla, inmortalizada por el recuerdo del héroe vencido, apunta hacia los comienzos de la estirpe en la que Diego busca a sus antepasados. Otras batallas, como la de Zama, ocurrirían dieciocho siglos más tarde, en suelo americano, y también en ellas habría héroes vencidos e intrépidos conquistadores. Frente al decorado, el criollo Zama experimenta sentimientos conflictivos. Las figuras lo fascinan, pero lo hacen sentirse solo. Esta historia heroica no le pertenece, ha sido hecha por otros, quienes lo han arrojado desvalido al mundo, sin padre ni identidad. Si esta interpretación es acertada, el sueño de Zama presenta, al nivel de la subconsciencia, el conflicto que subyace en la identidad, siempre problemática, del hispanoamericano.[5]

---

[5] Los numerosos ensayos dedicados a este tema dan testimonio de una preocupación sostenida, y de alcance continental. Las obras de Vasconcelos, Samuel Ramos, Octa-

La relación que se establece entre Zama y Ventura Prieto es particularmente esclarecedora. Desde el comienzo de la narración, Ventura es una presencia crítica, desaprobadora, que provoca en Diego reacciones de inseguridad y de resentimiento. Con lucidez hiriente, por lo certera, le hace ver la trágica inautenticidad que es su destino, y anticipa la autodestrucción que sufrirá como precio de la misma. Lo compara con un pez, obligado a un constante esfuerzo para permanecer dentro del elemento que lo repele, pero al que está apegado a pesar de sí mismo. Diego, en efecto, carece de raíces que lo implanten al suelo. La tierra cálida y primitiva que pisa le es extraña, y la percibe como amenazante y traicionera. Rechaza esa naturaleza no europea, porque no quiere reconocerse en ella. Su inadaptabilidad, tanto involuntaria como cultivada, lo lleva a soñar con españolas blancas, y con una Europa que idealiza, desde sus mujeres refinadas y "casas pulidas", hasta el mismo frío y la nieve de sus inviernos. Pero la realidad lo devuelve a su tierra, a pesar de sí mismo, para sucumbir aprisionado en ella, y hasta el fin extranjero. Ventura Prieto entiende que Zama no se acepta como americano, y ha sustituido los vínculos naturales con su tierra y su gente, por una identificación enajenante con el español peninsular. Critica la promesa de encomienda que Diego hace al descendiente de adelantados, y niega mérito o justicia a dicha institución. Zama se alarma ante las ideas subversivas de un español que defiende la libertad de los indios y condena su explotación económica. Más tarde, pensará en Ventura "como el propagandista de algo, si bien ignoraba de qué" (pp. 67-8). La independencia americana, a tan corta distancia, es todavía inconcebible, dentro de su limitada perspectiva. Por su parte, Ventura se asombra de "tantos americanos que quieren parecer españoles y no ser ellos mismos lo que son" (p. 38).

Zama se siente perdido en la inmensidad de un continente ignorado por Europa. "Para nadie existía América sino para mí" (p. 34), reflexiona angustiado.[6] Tal vez por ello esa tierra le re-

vio Paz, Alcides Arguedas, Martínez Estrada y H. A. Murena son representativas de este indagar acerca de la identidad hispanoamericana.

[6] Similar preocupación se expresa, también, en el siguiente diálogo de "Caballo en el salitral", *El cariño de los tontos* (Buenos Aires: Ed. Goyanarte, 1961), p. 9:

"—¿Y qué, acaso no estamos en el mundo?
—Así es; pero eso no lo sabe nadie, aparte de nosotros".

sulta invisible, aunque la tiene en torno. La invisibilidad del propio suelo podría derivarse, siguiendo el pensamiento de H. A. Murena en su libro *El pecado original de América*,[7] de la ausencia de una historia propia. "Tierras sin historia", llama Murena a América. Ellas están "cubiertas por una capa de historización adventicia" que Europa les ha conferido según sus propios patrones. El "manto de falsa historia" no surgida del trato con la tierra crea la ilusión de una continuidad con Europa, e inhibe la gestación de una nueva vida en suelo americano. Zama se ve a sí mismo —para usar otra expresión de Murena— como un desterrado de Europa. Así como el suelo americano le resulta invisible, porque éste lo ignora, su propia vida le parece desprovista de valor, a menos que ella obtenga un reconocimiento que la justifique, allí en la lejana metrópoli. La posibilidad de que esto ocurra, gracias a los esfuerzos de Luciana, hace que se sienta inmediatamente "dignificado" (p. 101).

Noé Jitrik ha señalado la preocupación americana de *Zama* en su libro *La nueva promoción*, donde afirma que "Di Benedetto ha encarnado en la persona de Zama una actitud más contemporánea que su personaje: la de los americanos que por imaginarse en Europa, realizan mal la vida en América y desdeñan formular el proyecto americano que define toda relación posible con una América en construcción".[8] La dependencia de Diego es, de hecho, tanto material como espiritual, y sin posible liberación, dados sus medios de vida y su falta de identificación con la única realidad que podría pertenecerle. Contrasta con esta situación la de los españoles que, como Honorio —y antes de él su padre— regresan a España para gozar de la fortuna adquirida en América. Para ellos, América no es más que una etapa necesaria en el logro del bienestar económico. Su existencia desarraigada y satélite se define como provisoria, y acaba con el reingreso en la propia tradición y cultura. Zama no tiene adonde regresar, de ahí su desamparo y su soledad. Vive, como criollo, una vida per-

---

[7]H. A. Murena, *El pecado original de América* (Buenos Aires: Sur, 1954). La fecha de publicación de este libro, anterior en dos años a la primera edición de *Zama*, permite que se considere como probable una influencia de sus ideas en la concepción de la novela.

[8]Ver Cap. II, nota 19.

manentemente provisoria, mirando siempre hacia afuera, y comparándose con un mundo ajeno que le sirve de modelo inalcanzable y frustrador. Rotos los lazos vitales que lo vinculan con el hogar paterno, tampoco atina a realizar su propio proyecto existencial.

En la segunda parte de la novela, Diego se une a Emilia, una española con la que cumple su deseo de paternidad. Un hijo bastardo, sucio y descuidado, es la realidad en que encarna su impulso creador de vida. En él percibe el mimetismo de las bestias para confundirse con la propia tierra, mimetismo del que Diego carece en absoluto. Defraudado condena a su hijo al abandono y la pobreza, reproduciendo con su conducta la del blanco europeo, engendrador de "gauchos". Manuel Fernández, el secretario de Zama a quien suponemos americano aunque el texto no lo indica, cumple los deberes de marido y padre que Diego no puede ni quiere cumplir. Este queda liberado de toda obligación y se transforma, al mismo tiempo, en un hombre sin pasado ni futuro, sin dirección ni meta en la vida... Sus fantasías eróticas, en casa de Ignacio Soledo, y sus sueños de un triunfo militar que le conquiste el reconocimiento del Rey, lo sumergen rápidamente en un mundo irreal del cual emerge tan sólo al final del relato.

Vicuña Porto, personaje central y decisivo en la tercera parte de *Zama*, señala, del mismo modo que Ventura Prieto —con quien significativamente comparte las iniciales del nombre— un aspecto del mundo americano que Diego no ha querido enfrentar. Vicuña, audaz y valiente, rebelde contra los españoles pero amigo y conocedor de los indios, es un producto del suelo y de su gente. Este personaje prefigura la mezcla de violencia, valentía, astucia y generosidad que caracterizará a los futuros caudillos americanos. Diego, como español, sólo ve en él al bandido, fugitivo de la justicia. Vicuña Porto, con el nombre asumido de Gaspar Toledo, se encuentra entre los hombres que, sin conocerlo, lo persiguen. Esta situación absurda, en la que se está al acoso de alguien que es uno de los perseguidores, reproduce en otro nivel el esquema de vida del protagonista, quien siempre espera encontrar en otra parte lo que allí mismo tiene, quien siempre espera encontrar en otra parte lo que allí mismo tiene. La tardía delación de Zama, el único que conoce a Porto, no lo exime de culpa por el encubrimiento anterior. La orden, por la cual el Capitán Parrilla dispone el arresto de ambos, niega la ilusión de superioridad, legal y moral, que sin duda alienta Diego con respecto al fugitivo. La situación se invierte, sin embargo, cuando los soldados se rebelan contra Parrilla y liberan a Porto. Este irónicamente, se transforma en el benefactor de Zama, a quien salva la vida, mientras envía sin contemplaciones a su muerte al Capitán Parrilla. La delación de Diego es castigada con la pérdida de sus dedos, mutilación física paralela a la mutilación vital y espiritual que él mismo se había infligido.

El niño rubio

Las tres etapas narrativas, en cuyo desarrollo se define el destino de Zama, están conectadas por la figura enigmática de un niño rubio; su aparición se produce en cuatro momentos decisivos del relato, que vamos a analizar:

1) Un niño "rubio, desaparrado y descalzo,... espigado, como de unos doce años" (pp. 22-3), visto solamente por Diego, es sorprendido por éste en su habitación, tratando de robarle. Sin que pueda explicárselo, asocia su presencia con Ventura Prieto, en quien sospecha el deseo de perjudicarlo.

2) Un niño "rubio, de unos doce años, espigado" (p. 39), el mismo que en la escena anterior, es el ayudante de la curandera en cuya casa Diego busca, por consejo de Ventura Prieto, a la india enferma. La identidad del niño permanece desconocida. Una pregunta indiscreta de Prieto revela que éste sabía de la presencia del niño en casa de la curandera. Enfurecido, Diego lo ataca salvajemente. Prieto es castigado por el Gobernador, con la prisión y el exilio.

3) El niño rubio aparece ante la puerta de Diego, cuando un caballo acaba de atropellar fatalmente a la criadita que sirve de intermediaria entre él y su misteriosa vecina. La descripción repite los datos ya indicados: "espigado, descalzo, andrajoso", (p. 157). "Reaparecería al cabo de cuatro años, en circunstancias incomprensibles (p. 158). Diego no se detuvo a pensar en él.

4) Al final del relato, el niño rubio se hace presente cuando Zama recobra conciencia, después de haber sido mutilado. Vicuña Porto había previsto que un indio salvaría a Diego, pero es el niño rubio quien lo devuelve a la vida. Su apariencia es siempre la misma: "sucio, estragadas las ropas, todavía no mayor de doce años" (p. 206). La novela termina con un brevísimo, aunque

significativo, diálogo entre ambos:
"—No has crecido...
A su vez, con irredutible tristeza, él me dijo:

—Tú tampoco".

Para descifrar el posible significado del niño rubio en *Zama*, se hace necesario buscar un hilo conductor que una sus cuatro apariciones. Creemos que la clave del personaje se encuentra en su descripción física. En efecto, un niño rubio en el Paraguay del siglo XVIII hubiera sido por demás exótico y, obviamente, europeo. Espigado —esto es, alto para su edad— y abandonado a sus fuerzas, está sucio, descalzo, desarrapado. El niño no crece a lo largo de la novela. Para él, el tiempo no pasa. La edad de doce años, en que ha quedado detenido, es precisamente el momento en que se inicia el proceso de maduración que lo transformaría en adulto. Es posible, también, que el autor haya pensado en otras connotaciones del número doce, simbólico —según Cirlot— del orden cósmico y la salvación.[9] En todo caso, los elementos descriptivos sugieren la irrealidad del personaje, claro indicio de que se trata de una aparición simbólica. Di Benedetto da apoyo a esta premisa, al declarar que el niño rubio fue el primer personaje que se formó en su mente, y que el protagonista se corporizó más tarde (Lorenz, p. 132). Se trata, pues, de una figura con la que se trasmite una idea central de la obra. Al mismo tiempo, su simbolismo puede operar, como luego mostraremos, en distintos niveles de significación.

En las páginas anteriores, hemos tratado de demostrar que, en *Zama*, hay expresión de ideas y preocupaciones referentes a la condición de ser del hispanoamericano. Las declaraciones del autor a Lorenz lo confirman. Así, por ejemplo, dice en ellas: "Mi novela *Zama* está muy influida por lo indígena. Es intenso mi interés por saber de los antiguos pobladores de América" (p. 140). Al mismo tiempo, expresa allí la opinión de que, aún

---

[9] El hijo de Indalecio tiene también, como el niño rubio, doce años. Esta coincidencia puede ser significativa. Con su única aparición, en la primera parte de la novela, el hijo de Indalecio restituye continuidad y equilibrio a la imagen del protagonista.

en la Argentina, el "orgulloso europeísmo etnográfico" puede perder terreno en el futuro. En el contexto de estas inquietudes y puntos de vista ya propuestos, el niño rubio puede representar al español, material y espiritualmente desheredado, en suelo americano. Degradado por la pobreza, el personaje joven refleja, como un espejo, la propia tragedia del protagonista. La asociación que se establece entre Ventura Prieto y las dos primeras apariciones del niño sugieren esta advertencia: en ese mundo pobre y primitivo, de razas oscuras y mezcladas, el europeo blanco, rubio, sufrirá una adaptación difícil, pero necesaria, que lo integrará a América. En la tercera aparición, surgen simultáneamente la mulatilla y el niño. El blanco desposeído y la hija de una raza esclavizada son dos versiones de la pobreza y el desamparo. Finalmente, el niño rubio salva la vida de Diego, tal vez para recordarle la tarea que está por cumplir. Espejo del protagonista, nuevamente, el niño no ha crecido, y aquél no ha actualizado su potencial humano. El tiempo no ha transcurrido en la historia de América, que parece condenada —como Macondo— a los "cien años de soledad".

Las palabras finales de *Zama* establecen un diálogo con textos que proceden de distintas ideologías, pero que concuerdan en su problemática. Ezequiel Martínez Estrada señala, en *Radiografía de la Pampa,*[10] el error de haber designado a América como Nuevo Mundo, cuando ella había tenido civilizaciones cuyo apogeo coincidió, en el tiempo, con la entrada de los moros en España. El equívoco que conlleva el nombre de Nuevo Mundo produjo, según este autor, una ilusión de juventud, la cual hizo que se designasen como "defectos de infancia los vetustos vicios de sensibilidad" (p. 75). También Murena se refiere, en su libro ya citado, a la juventud erróneamente atribuida a los pueblos del continente, para excusar con ella sus fracasos y frustraciones. En su opinión, no es juventud sino estancamiento, falta de vida y de espíritu, que perpetúan una existencia satélite e inmadura. "América es —según Murena— un hijo crecido y sin experiencia" (p. 40). El niño rubio, espigado, que se mantiene en los doce años, puede representar ese estancamiento, que afec-

---

[10]Ezequiel Martínez Estrada, *Radiografía de la Pampa* (Buenos Aires: Ed. Losada, 1968), p. 75.

ta al protagonista de *Zama*.[11] Diego no ha crecido, no ha apren-
dido a vivir de frente a la realidad. Su vida es una espera, porque
lo necesita todo de otros, sin ser capaz él mismo de producir o
de dar. Pero al negarse a alentar la ilusión de riqueza fácil de sus
compañeros de aventura, emprende el camino de su redención.
Tal vez sea éste el sentido de su último mensaje, escrito más
para sí que para su esposa, a quien lo dirige: "Marta, no he nau-
fragado" (p. 204).

De ser correcta esta lectura de *Zama*, el fin del libro sería un
comienzo, que apunta hacia el necesario enfrentamiento con la
realidad. El criollo Zama, producto y víctima de una América
de historia prestada y de espejismos, intuye finalmente la fórmu-
la de la autoaceptación. Diego no ha nacido de nuevo, del mismo modo que América no es el Nuevo Mundo. Los españoles e
indios que forman sus pueblos no son hombres nuevos, sino des-
cendientes de ilustres antepasados, cuyas glorias lejanas decoran
la historia. El trasplante del europeo a América ha sido una experiencia mutiladora,[12] pero ha significado, también, la expan-
sión de sus posibilidades humanas. La vida no está en otra parte,
sino aquí y ahora, en estas tierras donde el americano debe realizar su experiencia y crear su propia historia.

[11] No excluimos, sin embargo, la posibilidad de universalizar el símbolo, ya que en
otras de sus obras el autor muestra la inmadurez y falta de crecimiento espiritual
como características del hombre, a través de la historia. Véanse, al respecto, los cuentos de *Absurdos* (Barcelona: Ed. Pomaire, 1978).

[12] El final de la novela completa el paralelismo, sugerido desde el comienzo, entre el
protagonista y el mono. Este no emprendió el viaje "hasta no ser mono, sino cadá-
ver de mono". Diego realiza un viaje espiritual por el que se encuentra a sí mismo,
pero logra este objetivo sólo después de haber sido mutilado.

Capítulo 4

Motivos existenciales

La corriente existencialista y el texto de *Zama*

En los capítulos anteriores, hemos analizado la novela en relación al contexto americano que provee su realidad geográfica, histórica y humana. El drama de su protagonista fue interpretado como parte de un drama colectivo, con raíces en la historia política y cultural de América. Adentrándonos en el texto percibimos, sin embargo, otro nivel interpretativo que coexiste con los ya tratados. La obra nos presenta el conflicto de una conciencia, enfrentada a los límites de la condición humana. En ese nivel, *Zama* exhibe las señas distintivas de la época en que fue compuesta, y emerge como novela de índole existencial.

La corriente existencialista, en sus distintas vertientes filosóficas, y las creaciones literarias nacidas bajo su influjo, gravitan en la formación de los escritores argentinos que, como Di Benedetto, inician su obra con la década del cincuenta. El conocimiento, y la asimilación de esta actitud filosófica y vital estaban ya, para entonces, bien arraigados en el mundo hispánico, que había ocupado con Unamuno un puesto de vanguardia en su propio desarrollo. A él se debió, como es sabido, la temprana difusión en lengua española del pensamiento de Kierkegaard. La introducción e interpretación crítica de los textos de Heidegger en español antecede, asimismo, a su conocimiento en otros idiomas. Ortega y Gasset, José Gaos (el traductor de *Sein und Zeit*[1]), Laín Entralgo, Zubiri y otros, contribuyeron al estudio

[1] Martín Heidegger, *El ser y el tiempo* (México: Fondo de Cultura Económica).

de los existencialistas, mientras definía cada uno de ellos su propia visión filosófica, a mayor o menor distancia de los mismos. Conocedor experto de la filosofía alemana, Ortega aplicó con originalidad las ideas de Heidegger a su análisis de la historia, la sociología y los problemas de la vida que lo preocupaban.[2] La aparición de teorías afines, tanto en Alemania y Francia como en España, fue seguida de cerca por un amplio sector de la intelectualidad argentina. Desde la cátedra, por medio de traducciones y de ensayos críticos, Carlos Astrada, Vicente Fatone y Miguel Angel Virasoro, entre otros.[3] dieron a conocer las nuevas ideas. Así fueron difundidas las teorías de Heidegger, Sartre, Jaspers, Gabriel Marcel, y otras de las figuras del muy diversificado movimiento, cuya popularidad culmina con la primera década de la postguerra. Según Guillermo de Torre, 1955, fecha en que se cumple el centenario de la muerte de Kierkegaard, marca el momento de mayor auge del existencialismo.[4] Las obras filosóficas y literarias de los mecionados autores, los ensayos , novelas y teatro de Camus, y las muchas manifestaciones —en la ficción y la escena— de una visión existencialista forman, sin duda, parte importante del contexto intelectual y artístico en el que surgen las primeras obras de nuestro autor. En ellas, y en su producción posterior, puede observarse el efecto perdurable, aunque no exclusivo, que dicha corriente tuvo en su evolución de escritor.

Di Benedetto menciona la influencia que han tenido en su obra Dostoievsky y Kafka (ambos inspiradores del existencialismo) y, entre los coetáneos, destaca a Camus. Ernesto Sábato encabeza, significativamente, su lista de hispanoamericanos, lo cual indica su afinidad con este novelista de espíritu angustiado

---

[2] *Cf.* Ciriaco Morón Arroyo, *El sistema de Ortega y Gasset* (Madrid: Ed. Alcalá, 1968), pp. 138-41.

[3] El libro de Carlos Astrada, *Idealismo fenomenológico y metafísica existencial* (Buenos Aires: Instituto de Filosofía, 1936) es prueba de la temprana divulgación que tuvo la filosofía de Heidegger en la Argentina. Véase, al respecto, Juan Carlos Tochia Estrada, *La filosofía en la Argentina* (Washington: Unión Panamericana, 1961).

[4] Guillermo de Torre, *Historia de las literaturas de vanguardia* (Madrid: Ed. Guadarrama, 1965), Cap. 9.

y temática existencial.[5] La influencia de Kafka es evidente en *Mundo animal* (1953) y en *El pentágono* (1955). *Zama* (1956), dedicada a "las víctimas de la espera", trasmite una preocupación obsesiva que asociamos, también, con el autor de *Das Schloss* (*El castillo*). Diego y el protagonista de Kafka, en esa novela, sufren parecido destino. Atrapados en un laberinto burocrático y en el papel de eternos postulantes, agotan sus fuerzas y y sucumben, moral y físicamente, mientras esperan el reconocimiento de una autoridad desconocida (*Das Schloss*) o lejana (*Zama*) que justifique su existencia. Camus, en su ensayo sobre "la esperanza y lo absurdo en la obra de Franz Kafka",[6] señala en dicha novela lo que constituye, según él, una nostalgia del paraíso perdido. Sin las connotaciones religiosas y metafísicas que asume este aspecto en la obra de Kafka, *Zama* contiene, también, la idea de un paraíso perdido. Pues qué otra cosa es para Diego su Europa idealizada, con lo que contrasta el "paraíso desolado" de la tierra americana.

En *El pentágono* (*Annabella*) y en *El silenciero* (1964), Di Benedetto ha presentado personajes condenados a una existencia anónima, en la que el individuo está sujeto a la tiranía de lo cotidiano, que es el dominio de lo colectivo, como explicara Heidegger. Forzados a ser parte indiferenciada de un grupo, invadidos, por "los otros" que violan su intimidad, el mundo exterior es, en su experiencia, una intrusión destructora de su identidad individual.[7] En vano intentan sustraerse o rebelarse contra esta presión niveladora. Encontramos en dichas novelas ecos de Sartre, con especial referencia, en *El silenciero*, a la mirada avasalladora de "los otros". La influencia de Ortega y Gasset es también perceptible, particularmente sus ideas sobre

---

[5] *Cf*. Lorenz, p. 130.

[6] Albert Camus, *Le mythe de Sisyphe* (París: Gallimard, 1978), p. 167.

[7] El personaje de *El pentágono* (*Annabella*) se ve a sí mismo como un ser escindido, despojado de independencia física y mental. Su visión del propio cuerpo fragmentado es semejante a la que experimenta el protagonista de "No se culpe a nadie" de Cortázar y responde, según creemos, a parecidas razones psicológicas. *Cf*. Malva E. Filer, "The ambivalence of the Hand in Cortázar's Fiction", *The Final Island*, ed. J. Alazraki e I. Ivask (Norman: Univ. de Oklahoma, 1978).

Malva E. Filer

"Ensimismamiento y alteración".[8] *Zama* y *Los suicidas* (1969) muestran, en cambio, rastros de Camus, correspondientes a la etapa de *L'étranger* y *Le mythe de Sisyphe*. Diego de Zama es, como Meursault, un "extranjero". A él podrían aplicarse las siguientes reflexiones del pensador argelino:

> "Dans un univers soudain privé d'illusions et de lumières, l'home se sent un étranger. Cet exil est sans recours puisqu'il est privé des souvenirs d'une patrie perdue ou de l'espoir d'une terre promise. Ce divorce entre l'homme de sa vie, l'acteur et son décor, c'est proprement le sentiment de l'absurdité" (*Le mythe*, p. 18).

La vida de Zama es en efecto la de un exiliado que, paradójicamente, no tiene patria. Su ansiedad por identificarse con lo europeo, a través de España, choca con la dura realidad de que aquélla es una patria que ha perdido aún antes de nacer. Se niega, sin embargo, a aceptar como propios el único suelo y la única gente en los que podría proyectar la esperanza de un futuro. Vive como si otro viviera su vida, actúa sobre un escenario que, según él, le resulta invisible. Desarraigado, desligado de toda relación humana, Diego tampoco manifiesta una fe religiosa. Cierto es que, en virtud del contexto histórico de la obra, era indispensable que el autor incluyera en el texto algunas alusiones a la presencia de la Iglesia. No faltan así, en la novela, las habituales, figuras de un cura y un sacristán, y se mencionan en ella misas y fiestas patronales. A Diego se le atribuye, específicamente, una preferencia por la orden de los mercedarios. Sin embargo, el Asesor Letrado es un hombre cuya visión del mundo y conducta carecen, visiblemente, de religiosidad. Si, por una parte, el personaje tiene un sentido del "honor" que lo vincula a los caballeros de la tradición picaresca, por la otra, su degradación y desorientación moral son las de los "anti-héroes" que popularizó la literatura, a mediados de nuestro siglo. Sus actos de brutalidad cobarde y de egoísmo recorren la novela. El maltrato de una criada indefensa, en la que descarga su frustración, da desde el comienzo del relato idea de su nivel moral. Los incidentes posteriores, como el ataque injustificado contra Ventura y

[8] José Ortega y Gasset, *El hombre y la gente*, I (Madrid: Revista de Occidente, 1957).

su abandono de Emilia, con el hijo de ambos, confirman la primera impresión. La siguiente escena indica, en síntesis, su calidad humana:

> "Emilia cargaba con mi hijo y con la miseria. Lo entendí
> claramente, pero sin remordimientos... Regresé a paso
> lento. Fumaba. Había almorzado con abundancia" (pp. 126-7).

Irónicamente, Diego percibe con sensibilidad exacerbada la fealdad de los otros. El mundo se le aparece en su faz repulsiva y le provoca, como a Roquentin, reacciones de náusea. Compárese, por ejemplo, la escena de la taberna en *Zama* (p. 80), con algunas de las experiencias del personaje de Sartre en el café:[9]

La nausée:

> "Je l´ai, la saleté, la Nausée... Ca m´a pris dans un
> café... Je fais un gros effort et je tourne la tête.
> Ils sont quatre. Elle se penche sur un vieillard...
> Sourires. Il a les dents pourries. Ce n´est pas à lui
> qu´appartient la main rouge, C´est à son voisin, un type
> à moustaches noires. Ce type... possède d´immense narines... qui lui mangent la moitie du visage. .... Les
> mains font des taches blanches sur le tapis, elles ont
> l´air soufflé et poussiéreux".

Zama:

> "Tomé banco, junto a la mesa más rala, donde tres ancianos bebían en silencio y ablandaban, con las encías casi
> desdentadas, tajaditas finas de matambre. Uno era legañoso. Otro transpiraba... Se le extendían intermitentes chorritos de sudor, que luego bajaban... hasta el cuello, donde se perdían... en hondas depresiones formadas por la piel
> arrugada. Cuando no era chorrito, sino una gota... actuaba como una lente, y... me hacía ver, atrozmente aumentados,
> ora un pelo, ora un puntillo negro, ora el rojo de una irritación del cuero. .... Reconocí en detalle la costrita negra
> del que nunca se lava la cara .... Parecía moverse hacia afuera.

Las coincidencias son evidentes: vejez, fealdad, suciedad, insistencia en los detalles repugnantes. Diego se extenúa en un esté-

---

[9] Jean-Paul Sartre, *La nausée* (París: Gallimard, 1959), p. 32 y ss.

ril rechazo de la realidad que lo circunda. La imposibilidad de evasión se le hace presente en un sueño que contiene elementos del mito de Sísifo:

"Necesitaba escapar y todo el obstáculo era una roca. La embestía y en cada embestida me partía más una herida en medio de la cara. Seguí embistiendo cada vez más débil, más débil, más..." (pp. 63-4)[10]

Además de estas imágenes, que demuestran el parentesco de la obra con la literatura existencialista, *Zama* contiene puntos de vista sartrianos en cuanto al significado de la libertad. En la primera parte de la novela, Diego intenta excusar su conducta, invocando el determinismo de "potencias interiores irreductibles", de "un juego de factores externos", y de "culpas heredadas". Siente que lleva dentro de sí mismo una poderosa negación, superior a cualquier rebeldía, a cualquier aplicación de sus fuerzas. Más adelante rechaza, sin embargo, esta actitud inauténtica con la que ha tratado de presentarse como víctima sin culpa ni responsabilidad. Admite que no supo pronunciarse y escoger a tiempo. Además —y con esto anticipa su liberación futura— se acepta responsable de su destino, cuando declara que "igualmente en el momento último se puede elegir" (p. 68). Este esquema coincide con la teoría de Sartre, quien afirma que el hombre es siempre libre, dentro de una situación. La realidad humana encuentra, por doquier, resistencias y obstáculos que ella no ha creado, pero éstos no tienen sentido más que en y por la libre elección que la define. Los peores inconvenientes y amenazas sólo adquieren significado, según el mencionado filósofo, dentro de un proyecto existencial. Es insensato, entonces, que nos quejemos, o los invoquemos para justificarnos, porque nada extranjero ha decidido lo que somos. La elección puede operarse con actitud resignada o evasiva; puede ocurrir dentro de la enfermedad. Nos elegimos grandes y nobles, o bajos y humillados. En todos los casos, y aun eligiendo no elegir, somos respon-

---

[10] Podría también citarse, en este contexto, una imagen kafkiana, de sentido equivalente al mito de Sísifo. Ella se encuentra en *"Jäger Gracchus"* ("El cazador Gracchus"), cuyo personaje está condenado a subir eternamente la escalera que conduce al otro mundo, y a despertar nuevamente en la tierra, cada vez que alcanza a vislumbrarlo.

sables. Estas ideas, que Sartre expone en *L´être et le néant,*[11] y de las que que aquí sólo hacemos brevísima mención, están presentes en el sentido que Di Benedetto ha dado a la conducta de su personaje. El motivo de la elección está implícito desde el comienzo de la obra, cuando Diego se identifica con el mono muerto, atrapado entre "los palos del muelle". También él se siente "en un pozo", paralizado por la espera e incapaz de elegir. Su primer rechazo de la responsabilidad que le incumbe, en la elección de su propia vida, corresponde al tipo de conducta que Sartre ha llamado "mala fe". Al reconocer la posibilidad —y por tanto la obligación— de elegir, se inicia ya, en Zama, un crecimiento interior. Su reflexión sobre la muerte —el "último momento"— introduce en el texto una idea central de existencialismo: la muerte es intrínseca a la condición humana, pero el hombre es libre de asumir ante ella distintas actitudes. Diego comprende, finalmente, que "la libertad... no está *allá,* sino en *cada cual*" (p. 187). No elige el suicidio, pero decide hacer suya su muerte, que otros decretan, asumiéndola como un acto propio. Aunque sobrevive, esto no invalida su elección liberadora: "Mi muerte, elegida por mí... ir a la muerte, como un acto querido, un acto de la voluntad, de mi voluntad. No esperarla, ya. Acosarla, intimidarla" (p. 202). Para llegar a este acto de libertad, ha ido despojándose de todo lo que lo ligaba a la vida —bienes materiales, afectos, obligaciones, sentido del honor— hasta quedar desnudo y libre frente a la muerte.

El autodespojo de Diego prefigura el que se impone a sí mismo otro hispanoamericano, desarraigado en ambos mundos: Horacio Oliveira de *Rayuela.* El personaje de Cortázar, explícitamente contemporáneo a diferencia del Di Benedetto, es un bohemio cerebral y angustiado, sin raíces ni metas. También él, como Zama, renuncia a la comunicación, al afecto, la lealtad, los gestos heroicos, y termina, imposibilitado de actuar, frente a la muerte o la locura. Podría señalarse, en efecto, un cierto paralelismo entre el trío formado por Traveller, Talita y Oliveira en *Rayuela,* y el que constituyen Fernández, Emilia y Zama. Fernández no llega a explicar su actitud frente a la vida, fuera

---

[11] Jean-Paul Sartre, *L'être et le néant* (París: Gallimard, 1943), Cuarta parte, Cap. I. pp. 508-642.

de sus puntos de vista sobre la creación literaria. Si intentara expresarse, es posible que dijera a Zama, en español más castizo, lo que el porteñísimo dice a Oliveira: "Estar vivo parece siempre el precio de algo, y vos no querés pagar nada. Nunca lo quisiste".[12] Pagar el precio de ser argentino, clase media, porteño e intelectual, en el caso de Oliveira; pagar el precio de haber nacido en suelo americano, en las postrimerías de la Colonia, y no en el hogar, ya perdido, de la cultura paterna, en el caso de Zama. Pagar, siempre, el precio de ser humano, contingente, limitado y efímero. "El drama de América, "dice Murena", es la repetición del drama de la extranjería del hombre en el mundo" (*Ob. Cit.*, p. 42). *Zama* refiere, desde la especificidad de su ambiente y protagonista, a un contexto más amplio; Diego vive, como criollo, una versión tal vez agravada de un drama universal. Desarraigo, alienación, soledad y carencia de sentido definen la situación humana, según la comprenden los existencialistas.

Los suicidas, novela posterior a *Zama*, interroga las causas y justificación del suicidio. Apropiadamente, tiene por epígrafe una cita de Camus: "Todos los hombres sanos han pensado en su propio suicidio alguna vez" (*Le mythe...*). El tema, asociado con experiencias y preocupaciones personales del autor, no se encuentra en *Zama*. Si bien Diego se siente liberado, al asumir la muerte como acto de su voluntad, no hay en su actitud un impulso suicida. El sentido de la vida no está allí presentado como un problema, ni se relaciona su valor, o carencia del mismo, con la búsqueda de la muerte. Diego vuelve a la vida, mutilado pero consciente. El periodista de *Los suicidas* no encuentra respuesta a su interrogante, pero elige, también, la vida. Ni uno ni el otro explican su decisión; Diego no lo intenta siquiera. Recordemos que, según Camus, el suicidio no es rebeldía sino, por el contrario, la aceptación llevada a sus límites. La rebelión consiste en vivir, con plena conciencia del absurdo. El protagonista de *Zama* no es un rebelde, sin embargo. Las metas a las que inicialmente aspira, aunque inalcanzables para él, concuerdan con los valores que le han sido trasmitidos por herencia y educación. Su conducta es ingenuamente sumisa, en la aceptación de dichos valores. El acto por el que destruye la ilusión de sus compañeros

---

[12] Julio Cortázar, *Rayuela* (Buenos Aires: Sudamericana, 1966), p. 394.

de aventura representa un cambio radical, porque implica el rechazo definitivo del auto-engaño con el que él mismo ha procesado su vida. "Hice por ellos lo que nadie quiso hacer por mí; *decir*, a sus esperanzas, no" (p. 203). Pedro Laín Entralgo, en su libro *La espera y la esperanza*, comenta las consecuencias que se derivan de la teoría de Sartre, para quien la esperanza es sólo una forma del auto-engaño. "Ni esperanza ni desesperación, sino desesperanza: tal sería", según Laín, "el lema de la lucidez y la decisión sartrianas".[13] Esta desesperanza lúcida, y el nihilismo heroico que propuso Camus, en sus obras citadas, no son ajenos al desenlace de la novela. Ellos apuntan, sin embargo, a un callejón sin salida. Los personajes de Di Benedetto, como los "perseguidores" de Cortázar, descubren que la razón no aclara y el exceso de lucidez los paraliza. *Zama*, con su existencialismo anacrónico,[14] no puede superar esta posición. Paradójicamente, la búsqueda mística y la fe religiosa, que el autor dio por inexistentes en su hispanoamericano del siglo dieciocho, surgen como fuerzas espirituales en sus personajes representativos de nuestro siglo. Así, aunque poco sabemos de las búsquedas de Besarión (*El silenciero*), es evidente que intenta caminos negados a la razón. En "Onagros y hombre con renos" (*Absurdos*), la vigencia del mito y la fe obtienen un reconocimiento explícito. Jonás, su profético e intemporal personaje, vuelve de la nada, como Diego, y vive de cara a la muerte, como el periodista de *Los suicidas*, pero a diferencia de ellos, su actitud encarna una inquebrantable afirmación de la vida. La visión existencialista perdura, en la convicción de que "vivir es asediar la nada", pero a ella se agrega una fe en las fuerzas espirituales, capaces de construir y crear, embelleciendo la nada de la existencia humana.

Modelos existenciales y técnica narrativa

Hemos mostrado, en las páginas precedentes, que las imágenes e

[13] Pedro Laín Entralgo, *La espera y la esperanza* (Madrid: Revista de Occidente, 1962), p. 324.

[14] *Cf.* David W. Foster, *Currents in the Contemporary Argentine Novel* (Columbia: Univ. de Missouri, 1975), p. 137.

ideas de filiación existencialista son parte intrínseca de *Zama*. La técnica narrativa de la novela confirma los parentescos y asociaciones señalados. Edith Kern, en su libro *Existential Thought and Fictional Technique,*[15] analiza el modo de narrar de algunos autores existencialistas. Destaca, como característica de grupo, el uso de un narrador que es, al mismo tiempo, protagonista y testigo: "Writing in the first person, he makes us see others, the world of objects around him, and himself through his own consciousness and within the range of that consciousness" (p. 87). La relación cercana entre autor y protagonista es también representativa de este tipo de ficción. Para Kierkegaard, como puede observarse en "Diario de un seductor", protagonista y autor son esencialmente idénticos. Camus, por su parte, rechaza la idea de un arte separado de su creador. Sin embargo, la necesidad de impedir una total identificación hace que ellos mismos utilicen recursos distanciadores como la ironía y los editores ficticios. En su ensayo sobre la imaginación,[16] Sartre advierte que el novelista, aunque narre en primera persona con el propósito de crear una atmósfera de intimidad, debe mantener, al mismo tiempo, la separación entre el mundo real y el mundo de la ficción.

La técnica narrativa utilizada por Di Benedetto corresponde, en lo esencial, a las características arriba mencionadas. *Zama*, y sus otras novelas, están narradas por una primera persona que nos pone en contacto directo con su conciencia, y cuya voz es la única vía de acceso a los otros personajes. En *Annabella* no puede siquiera hablarse de personajes. Sólo existe el "yo" narrador que dibuja y borra a sus criaturas, según la exigencia de su obsesión caleidoscópica. Diego de Zama es, asimismo, la única voz narradora de la novela. No podemos conocer a los otros personajes más que desde su mente, a través de sus fantasías y distorsiones. A veces, la narración misma muestra la irrealidad de un personaje, como ocurre con la hermosa joven que mira a Diego desde atrás de una ventana. Las apariciones de esta misteriosa

---

[15] Edith Kern, *Existential Thought and Fictional Technique: Kierkegaard, Sartre, Beckett* (New Haven y Londres: Yale University, 1970).

[16] Jean-Paul Sartre, *L'imaginaire, psychologie phénoménologique de l'imagination* (París: Gallimard, 1940).

figura femenina, junto a otros entrecruzamientos de la realidad con la fantasía evidencian, como ya dijimos, la asimilación de recursos correspondientes al género fantástico. En lo que aquí nos concierne, importa destacar el hecho de que el universo novelístico coincide con la conciencia del narrador. Los otros personajes no existen por sí mismos ni tienen, mucho menos, su propia voz. La aparición referida es, como Aura de Carlos Fuentes, una reencarnación de la mujer joven que por momentos triunfa, gracias a la imaginación masculina, sobre su cuerpo de mujer madura. Esta mujer madura tampoco es, sin embargo, del todo real. Ella y Diego se confunden. Las palabras que la mujer pronuncia emanan de la mente de éste, quien sospecha y teme que ella sólo sea proyección de su atribulada conciencia. La desrealización de los personajes femeninos es frecuente en la obra de Di Benedetto. Sus protagonistas —exclusivamente masculinos en las cuatro novelas— conciben poetizadas imágenes de mujeres inaccesibles, y las transforman en criaturas de ficción (Annabella, Lelia en *El silenciero*, por ejemplo).[17]

En *Temps et roman* Jean Pouillon, apoyándose en el análisis fenomenológico de *L'être et le néant*, ofrece un esquema según el cual podríamos caracterizar a *Zama* como novela donde se da una "visión con" el personaje que es el centro del relato. Pouillon ilustra este tipo de novela con *L'invitée* de Simone de Beauvoir, en la Xavière y Pierre con conocidos solamente desde la perspectiva de Françoise. Allí, como en *Zama*, el lector ve el mundo desde dentro del personaje, desde su específica experiencia del mundo. "Es siempre *a partir de él* que vemos a los otros. 'Con' él vemos a los otros protagonistas, 'con' él vivimos los hechos relatados". El otro "guarda siempre una especie de 'existencia en imagen', es decir, de existencia en un sujeto que él no es". Los personajes existen, entonces, como "apariciones" a un "yo".[18] Si esta caracterización se aplica a *Zama*, como creemos,

---

[17] El reverso de esta situación se encuentra, en cambio, en "El cariño de los tontos". La protagonista del cuento, Amaya, es quien concibe una imagen masculina. La narración, esta vez escrita en tercera persona, sugiere una menor identificación del autor con su personaje.

[18] Citamos esta obra en su versión española: Jean Pouillon, *Tiempo y novela* (Buenos Aires: Ed. Paidós, 1970), p. 62 y ss.

esto se debe a que en ella, del mismo modo que en las novelas ya citadas de Sartre, Camus y Simone de Beauvoir, la relación del protagonista con "el otro"como persona es una imposibilidad. Al transformarlo en imagen, el yo narrador lo objetiza y domina, sin tener que temer la libertad de su subjetividad ajena. Hemos demostrado, en los capítulos anteriores, que el texto de *Zama* diseña, con datos verídicos, el mundo en que vive su personaje. No olvidamos, sin embargo, que exterioridad e interioridad coexisten en el espacio, siempre ficticio, de la novela. Podría recordarse, al respecto, la meticulosa descripción que Butor hace, en *La modification*, del viaje de Delmont, aunque la acción de la obra tiene lugar en la conciencia del protagonista. Las alusiones al mundo exterior, trátese de datos verificables o meramente plausibles, quedan integrados dentro de la significación del texto.[19] El drama existencial de Diego de Zama se inserta, también, en una realidad geográfica e histórica que, a pesar de su veracidad o verosimilitud, existe sólo como experiencia del protagonista. Sus huidizas fantasías surgen y desaparecen, devolviéndolo a su habitual soledad e incomunicación. "Debía llevar la espera —y el desabrimiento— en soliloquio, sin comunicarlo" (p. 6). *Zama* sigue, también en esto, las pautas de la novela existencial. C.E. Magny, refiriéndose a *La nausée*, afirma que el Diario de Roquentin es de un solitario, célibe y semi-ocioso.[20] Nuestra novela nos introduce, también, en la soledad de su personaje, y no hace ver el mundo, como él lo ve y lo sufre.

El uso casi exclusivo de la primera persona se interrumpe, sin embargo, en un momento de la narración. Diego habla de sí mismo en tercera persona, para expresar la escisión entre su "yo" pasado:[21]

¡El doctor don Diego de Zama!... El enérgico, el ejecutivo,

[19] Este aspecto está estudiado detalladamente por Françoise Van Rossum-Guyon, en *Critique du roman. Essai sur "La Modification" de Michel Butor* (París: Gallimard, 1970).

[20] *Cf.* Claude-Edmonde Magny, *Essai sur les limites de la Littérature. Les sandales d'Empédocle* (París: Payot, 1968), p. 100.

[21] En *La muerte de Artemio Cruz*, Carlos Fuentes utiliza este recurso, como parte de la compleja estructura de su novela.

el pacificador de indios, el que hizo justicia, sin emplear
la espada. Zama, el que dominó la rebeldía indígena sin gas-
to de sangre española, ganó honores del monarca y respeto
de los vencidos. .... Zama el corregidor desconocía con pre-
sunción al Zama asesor letrado, mientras éste se esforzaba
por mostrar, más que parentesco, cierta absoluta identidad
que aducía" (pp. 13-4).

El personaje asume actitudes contradictorias frente a su "yo"
pasado, que se le aparece como inmodificable y perfectible, al
mismo tiempo. Entre estos dos polos deberá definir su conducta. El primero perpetúa la ilusión de considerarse determinado
por su pasado en su presente, ilusión cuya realidad psicológica
justifica, según Pouillon, las "novelas de destino". El segundo
representa la toma de conciencia, por parte del protagonista, de
que es él quien da sentido y valor determinante a ese pasado. O,
como dice el mismo crítico, "se sufre un destino sólo cuando
uno se presta a ello" (*Ob. Cit.*, p. 125). El presente de alguien
se relaciona con su pasado, pero el modo de esta relación no
está pre-determinado, sino que se define por medio de una elección, cuyo significado depende de las otras relaciones posibles.
De la misma manera, ese presente requiere "un futuro al que sin
embargo no determina" (*Ibid.*). Diego teme el futuro, que es su
área de libertad, porque ve en él la posible extinción de su identidad individual. Imagina el futuro como una caída en el vacío,
en la nada. Intuye, sin comprenderlo, que la muerte es la negación de todo sentido. Se aferra, pues, a la idea de un pasado inmodificable. La tercera persona, con la que se describe a sí mismo, preserva la ilusión de que el "yo" pasado, heroico y honro-
so, tiene existencia propia, a salvo de su aminorado "yo" presente. Aunque percibe también el pasado como "algo visceral,
informe y, a la vez, perfectible" (p. 14), opta por aquellas imágenes tranquilizadoras con las que lo idealiza y petrifica. Del
mismo modo cree haber establecido, antes, su capacidad para el
amor: "Yo obtuve el amor completo y probado de mi esposa.
Retenía su fe y su cariño" (p. 82). La percepción del "yo" pasado como garantía y reafirmación del presente es una forma de
inautenticidad de la que Diego se libera sólo al final del relato.

No entramos aquí en el análisis de la relación entre el autor y su personaje, ya que hemos centrado este estudio en el texto, y no en la biografía del novelista. Se encuentran, en *Zama*, detalles que los acercan, como la edad del protagonista —aproximada a la que tenía su autor al concebirlo— y el hecho de que su familia fuera natural de un territorio vecino a Santiago de Chile (p. 63). Mendoza, ciudad donde nació Di Benedetto, y donde residía al escribir esta obra, no está mencionada en ella. En cierto sentido, una novela es siempre autobiográfica, ya que el autor compone su mundo imaginario con lo que él mismo es y ha vivido. En *El silenciero* y en *Los suicidas* estamos más cerca, que en *Zama*, de una identificación entre novelista y personaje. Ella es propiciada, no solamente por la inclusión de conocidos elementos autobiográficos (la profesión de periodista y el suicidio del padre, en *Los suicidas*), sino también por la falta de nombre propio del protagonista y el predominio del presente en la narración. Son, además, novelas que recrean ambientes y circunstancias contemporáneas del autor. En *Zama*, la lejanía histórica y geográfica del medio evocado sirven, en cambio, para preservar la distancia. El uso de tiempos pasados —en especial el pretérito— contribuye, también a ese propósito. Este "yo" narrador que nos trasmite su experiencia vivida a fines del siglo XVII es, como todo verdadero "yo" novelístico, un "yo" ficticio, por más que en él hayan entrado las experiencias e ideas de su autor.[22] Los puntos de vista, actitudes y parentescos literarios que muestran, según lo expuesto, la filiación existencialista de la obra, están integrados, del mismo modo, en el universo novelístico.[23] Con *Zama* Di Benedetto ha logrado lo que, según T. S. Eliot, sería un "correlato objetivo"[24] de aquello que quería expresar. Ha trasmutado emociones, actitudes e ideas en una

---

[22] Michel Butor observa, en *Essais sur le roman* (París: Gallimard, 1969), que el narrador, en la novela, no es una primera persona pura, ni es nunca el propio autor, literalmente. El narrador, es, él mismo, una ficción.

[23] Es obvio, dado el propósito de este estudio, que no concordamos con Foster, en su obra citada, quien reduce el valor de *Zama* al caracterizarla como "almost a textbook example of the existential novel".

[24] *Cf.* T. S. Eliot, *Selected Essays* (New York: Hartcourt, Brace and Co., 1950), pp. 124-5.

realización estética que tiene coherencia propia, y cuya unidad no es sólo la del estado de espíritu subjetivo del escritor ni, tampoco, la de un sistema de ideas.

Capítulo 5

Imágenes y símbolos

En los capítulos anteriores, nuestro análisis de *Zama* ha procedido desde la especificidad y diacronía del texto —la evocación del Paraguay colonial— hasta una mayor universalidad al nivel sincrónico, en el que la novela apunta al contexto contemporáneo de su escritura. Los sucesivos enfoques interpretativos nos llevan, al mismo tiempo, desde afuera hacia dentro del texto. Mediante el rastreo de posibles fuentes y el diálogo con textos pasados y contemporáneos, hemos señalado relaciones y significados, y analizamos la obra como una reelaboración artística que sintetiza conocimientos históricos, ideas y tendencias de un medio cultural. En el presente capítulo nos proponemos ahondar en la interioridad o mensaje inconsciente de la novela, ofreciendo una interpretación de sus imágenes y símbolos.[1] A través de ellos, el texto nos pone en contacto con un mundo espiritual mucho más rico que el definido por los condicionamientos históricos del personaje o de su autor. En la prosa de *Zama* se ponen en evidencia, como a continuación mostramos, los símbolos reconocidos por Jung, Eliade y otros estudiosos del tema. Ellos constribuyen, sin duda, a su luminosidad y calidad poética.[2] Es necesario aclarar, sin embargo, que al señalar aspec-

---

[1] El título de este capítulo, coincidente con el de una de las obras importantes de Mircea Eliade (*Images and Symbols*, New York: Sheed & Ward, 1961), nos parece especialmente apropiado para describir el análisis que aquí realizamos.

[2] *Cf*. Mircea Eliade, *Ob. Cit.*, 13: "The 'unconscious', as it is called, is far more 'poetic' —and, let us add, more 'philosophic', more 'mythic'— than the conscious".

Malva E. Filer

tos susceptibles de una interpretación simbólica o arquetípica nos apoyamos exclusivamente en el texto, y no tratamos de decidir en qué medida el novelista ha hecho un uso consciente de esos símbolos, o si ellos han surgido espontáneamente durante la elaboración del discurso literario.[3] Para este enfoque encontramos una valiosa ayuda en el libro de Graciela Ricci, *Los circuitos interiores*,[4] algunas de cuyas ideas incorporamos a nuestro texto crítico. Según esta autora, el mono que aparece al comienzo de *Zama* constituye un arquetipo, cuyos componentes simbólicos revelan el tema esencial de la novela: "el anhelo —encubierto— de renacimiento espiritual, que involucra la muerte o disolución de aspectos de nuestra personalidad" (*Ob. Cit.*, p. 20). Al iniciarse el relato, Diego es incapaz, como el mono, de emprender el viaje que sugiere el agua ante el bosque. Así como aquél está atrapado en remolinos de agua, la conciencia del protagonista está, a su vez, bloqueada por su temor al inconsciente. Desde este punto de vista, la novela muestra la evolución —o involución— del personaje hacia una "confrontación total de los aspectos conscientes e inconscientes de la psiquis (proceso de individuación)" que posibilite el acceso final al Ser o Conciencia a-temporal (*Ib.*, p. 23). El Niño Rubio sería, a nivel más profundo, otra versión del arquetipo del mono, y simbolizaría la inmortalidad y el renacimiento espiritual (*Ib.*, p. 21). En las páginas siguientes, registramos coincidencias, pero también desacuerdos, con la interpretación de Ricci. No es posible, además, desarrollar algunos de sus puntos de vista y proponer nuevas ideas, guiados por la producción más reciente de nuestro autor.

El simbolismo animal, manifiesto en *Zama*, es una constante en la obra de Di Benedetto, desde los cuentos de *Mundo animal* (1953) hasta las narraciones incluidas en *Absurdos* (1978). En sus cuentos y novelas se encuentran animales cuyas apariciones interpretamos, según la psicología analítica, como encarnaciones del instinto o la libido. Jung explica, en *Símbolos de*

---

[3] En la mayoría de los casos, el autor no comprende todo el significado de su obra, y no sabe de los símbolos —algunos arcaicos— que en ella aparecen.

[4] Véase la referencia en nota nº 2 de nuestra *Nota preliminar*.

transformación, [5] que las figuras animales se presentan como fuerzas destructivas y atemorizantes cuando el aflorar del inconsciente es percibido negativamente. Si la actitud es favorable, en cambio, los animales se vuelven figuras protectoras, como ocurre en las leyendas y los cuentos de hadas. *Mundo animal* ilustra estas dos posiciones. Este libro presenta, en brevísimos relatos, a un narrador alternativamente invadido, atacado, o devorado por una variada fauna, en la que hay desde hormigas y polillas hasta ratones y buitres, todos los cuales compiten en su implacable voracidad. Pero si hay hormigas devoradoras, también las hay salvadoras. En "Sospechas de perfección" estas últimas rescatan al narrador y lo transportan hasta, la frontera de otro territorio, en el que reina una perfección edénica. La ambivalencia del animal, que representa tanto la inocencia como la bestialidad destructora, es ilustrada, en cambio, por el cuento "Salvada pureza" con que cierra la citada obra.

En *Zama*, y en las otras novelas, puede observarse la frecuente aparición de animales agresivos en situaciones donde el protagonista experimenta ansiedad o recelo con respecto a su impulso sexual. Diego teme la sensualidad que en él despiertan el clima cálido y la naturaleza arrobadora del Paraguay. Este temor se manifiesta en la visión de un puma inofensivo que le hace pensar, sin embargo, en terribles peligros. A punto de romper su abstinencia de año y medio, el personaje se describe a sí mismo como un "caballo sobre la raya" (p. 55). Su anhelo de mujer se vuelve incontenible, "reacio a toda brida" (p. 57), y lo lanza en busca de satisfacción. Pero antes de consumar el acto sexual con una mulata, debe ultimar "una jauría silenciosa" de perros enardecidos que lo atacan (pp. 58-9). Aunque el temor es superado persiste, sin embargo, el sentimiento de culpa: "Ante los ojos de Marta habría sentido necesidad de cortarme algo" (p. 60). Un sueño simboliza, nuevamente, su lucha con el instinto reprimido: "Yo era un animal enfurecido, rabioso. Ignoro qué animal, sólo sé que de cuatro patas y muy forzudo" (p. 63). Transformado en hombre, se ve luego de frente a "una extensión lisa donde estaban abolidas las necesidades" (p. 64), pero teme

[5] C. G. Jung, *Symbols of Transformation. The Collected Works,* V (New York; Bollingen Series XX, Princeton Univ. Press, 1970).

avanzar porque supone que no hay final. Esto último indica, probablemente, el miedo del yo consciente a perderse en la profundidad del inconsciente. Durante este período, en el que se debate entre materia y espíritu, instinto y pureza, Zama sueña dos veces con una joven viajera solitaria que llega por barco (pp, 32.55); en ella proyecta la ansiedad de su libido no satisfecha por las mujeres que encuentra en la realidad, con quienes sólo se comunica al nivel del sexo. La "viajera" de los sueños viene por "mar", lo cual puede simbolizar el viaje de la libido hacia las profundidades del inconsciente. La imagen onírica de la Mujer amada (arquetipo femenino) deja a Diego espiritualizado y reacio a ocuparse de las necesidades de la vida: "Comer, masticar, me parecía grosero" (p. 32). En la realidad, sin embargo, su temor a enfrentarse con regiones desconocidas por la conciencia le impide establecer vínculos humanos, y lo hace incapaz de amar. La aparición de un jinete agresivo, durante el sueño que analizamos en el capítulo 3, coincide con sentimientos de inadecuación sexual del protagonista, quien se ve frustrado en dos intentos de conquista amorosa en los que tiene éxito, en cambio, el oficial Bermúdez. Por otra parte, un caballo se le viene encima, y casi lo derriba, en momentos en que se acerca a la casa de una mujer madura que lo desea (p. 145). Previo intercambio de misivas, y luego de estipular precio, se concreta su relación con ella. La muerte de la criadita, embestida por un caballo, se produce precisamente cuando la niña va a entregar el dinero con que su ama paga a Diego los mencionados servicios. El acto de prostitución de éste es expiado por el sacrificio de una inocente, en cuya ejecución la bestia sólo actúa como ciego instrumento. La ansiedad o el sentimiento de culpa relacionados con la actividad sexual están simbolizados, pues, con la aparición de animales destructivos o vagamente atemorizantes. En las novelas posteriores a *Zama*, el autor vuelve a encarnar estos temores en animales simbólicos. Ejemplo de ello es, en *Los suicidas*, el sueño en que Julia ve a su amante bajo la forma de un agresivo puerco salvaje. En la misma obra otro sueño insinúa, sin embargo, la posible transformación de las figuras animales, de negativas en positivas: Marcela y su amante corren por la nieve, perseguidos por unos hombres "voraces" armados de máuseres y aterrados por "los ojos amarillos de una fiera". Caen vencidos por el sueño, y al despertar descubren que el animal es sólo un perro doméstico, deseoso de compañía (*Los suicidas*, p. 155). Esta transformación puede indicar, como lo cree Ricci, una superación del miedo al inconsciente, superación necesaria para que se logre la integración psíquica de los personajes.

El conflicto de Diego se da en dos niveles: se niega a aceptar su condición americana, de la que no puede desprenderse, y desconoce o distorsiona sus impulsos y necesidades vitales. Di Benedetto ha expresado, antes y después de *Zama*, una preocupación por el hombre escindido entre materia y espíritu, que ignora o rechaza sus raíces instintivas. Cree que "todos tenemos la cueva prehistórica en el pecho, poblada de feroces y voraces animales antediluvianos" (*La Nación*, 18/7/1971)., y que el hombre debe regresar a su condición primigenia y aceptar la totalidad de su ser, si es que ha de superar el conflicto. Es obvio que estas ideas, coincidentes con las teorías, ampliamente difundidas, de Jung sobre el inconsciente colectivo, han contribuido en la elaboración de "Onagros y hombre con renos", uno de los cuentos de *Absurdos*. El esquema de regresión, reintegración y trascendencia, que allí emerge con especial nitidez, ya se perfila, sin embargo, en sus escritos anteriores. En cada uno de los casos, la transformación se opera mediante un rito de iniciación. En *Zama*, según veremos, esta transformación del personaje sólo llega hasta mitad del camino.

Vladimir Propp, refiriéndose a los ritos de iniciación, destaca la idea primitiva de que el rito produce una muerte temporal seguida por la resurrección. "Se creía que el iniciando debía marchar a la muerte, y ... que él estaba plenamente convencido de que moriría y sería resucitado".[6] En los cuentos maravillosos, de donde Propp recoge su material informativo, él encuentra que la extirpación de un dedo o de una mano es parte frecuente de los ritos de iniciación. Es prueba de que la iniciación se ha efectuado y, al mismo tiempo, un aceptable sustituto al descuartizamiento u otras formas extremas en que ella puede realizarse. Uno de los cuentos de *Mundo animal* corresponde, precisamente, a la forma no atenuada del rito que se encuentra,

[6] Vladimir Propp, *Las raíces históricas del cuento* (Madrid: Ed. Fundamentos, 1974), p. 75.

por ejemplo, en el culto de Osiris y en el simbolismo de la Misa. Interpretamos así las muertes y metamorfosis de ternero a hombre y a pan en "Es superable", las cuales representan —como sugiere el título— una progresiva superación de la materia.[7] La "trascendencia de la vida" es, según Jung explica, una experiencia que revela al iniciado la perpetua continuación de la vida mediante la transformación y la renovación.[8] Por otra parte, el siguiente ejemplo citado por Propp viene particularmente al caso a propósito de *Zama*: Una mujer ordena a su marido: "Ve al bosque a buscar leña y mata a tu hermana . La hermana implora: 'Córtame las dos manos y llévatelas'. El hermano lo hace y la mujer se queda satisfecha" (*Ob. Cit.*, p. 130). Recordemos que en la novela Diego es condenado a morir, pero Vicuña Porto convence a sus jueces de que se sustituya la pena capital por la "mutilación anuladora" que significa, para el condenado, la pérdida de los dedos. Cualquiera fuese la forma de "muerte temporal" elegida para la iniciación, "la parte principal de la ceremonia consistía", como Propp explica, "en hacer morir y resucitar al iniciado, el cual adquiría de ese modo la fuerza mágica" (*Ib.*, p. 131). *Zama* no nos deja saber, sin embargo, si el regreso de la inconsciencia implica para Diego la previa adquisición de facultades especiales o de una mayor sabiduría que la que poseía antes del "viaje". Las palabras finales de la novela sugieren, a lo sumo, una autoaceptación resignada que tal vez sea el comienzo de la sabiduría. El protagonista de "Onagros...", en cambio, completa con éxito el rito de pasaje que Diego ha dejado trunco. Su personaje Jonás, devuelto de las aguas como el profeta homónimo fue arrojado por la ballena, establece un contraste significativo con el mono aprisionado por el agua pantanosa, al comienzo de *Zama*.

Según la interpretación cristiana, el episodio de Jonás, que relata el Antiguo Testamento, se relaciona con la futura resu-

---

[7] El desmembramiento y la trasmutación del hombre en pan trasmiten, con su obvio simbolismo cristiano, el anhelo de trascendencia. *Cf.* C. G. Jung "Transformation Symbolism in the Mass", en *Psychology and Religion: West and East. The Collected Works*, 11 (New York: Bollingen Series XX, Princeton Univ. Press, 1973).

[8] C. G. Jung, *The Archetypes and the Collective Unconscious. The Collected Works*, IX, 1 (New York: Bollingen Series XX, Princeton Univ. Press, 1971), p. 117.

rrección de Jesús.[9] Jung, por su parte, ve en él la descripción de una caída en el abismo de lo inconsciente. La regresión —con sus posibilidades renovadoras y sus peligros— es necesaria para que se produzca el renacimiento del héroe en un nivel superior de vida.[10] En ambas interpretaciones, el fin de la travesía es la resurrección, el triunfo sobre la muerte. Pero el Jonás de Di Benedetto, como el rey Nabucodonosor —cuya arrogancia castigó Dios expulsándolo de entre los hombres—[11] debe retroceder en la escala de la vida y convivir con las bestias para recuperar la inocencia; sólo entonces dará el salto con el que trasciende el mundo animal. Su experiencia es la propia de un shamán, a quien Mircea Eliade describe como amigo y señor de los animales salvajes. "he imitates their cries; he transforms himself into an animal; he is, moreover, bard, poet and civiliser" (*Images and Symbols*, p. 165). El personaje de Jonás exhibe las características citadas. Logra, como el shamán, abolir la historia —que es el tiempo transcurrido desde la "caída"— y re-ingresa en la condición primordial paradisíaca. Realiza, además, la fundamental experiencia shamánica que es el ascenso a los cielos. El relato encuadra en la tradición mística, al hacer uso del simbolismo de la ascensión para describir la elevación del alma y su unión con Dios. La lectura de "Onagros y hombre con renos", cuya publicación es posterior en veintidós años a la primera edición de *Zama*, confirma la validez de asimilar la trayectoria de Diego a la de héroe del cuento maravilloso y de ver su mutilación, al final del relato, como un rito iniciático; pero el autor ha preferido no desarrollar ni esclarecer el desenlace de la novela. En términos de psicología analítica, por otra parte, vemos la progresiva regresión del protagonista hacia el inconsciente y, simultáneamente, el auto-despojo con el que se desliga de la realidad. Su degradación, que asociamos antes con las ideas y los modelos li-

---

[9] *Cf.* "Evangelio según San Mateo, "XII, 40: "porque de la misma manera que Jonás *estuvo en el vientre del cetáceo tres días y tres noches*, así también el Hijo del hombre estará en el seno de la tierra tres días y tres noches", *Biblia de Jerusalén* (Bilbao: Desclee de Brouwer, 1975).

[10] *Cf.* Jung, *Symbols of Transformation*, pp. 330, 408; *The Archetypes and the Collective Unconscious*, pp. 18-20.

[11] *Cf.* "Daniel", V, 21, *Biblia de Jerusalén.*

terarios del existencialismo, es ahora vista como un *descensus ad inferos* por el que el personaje se interna en su inexplorado interior. Diego siente que "va quedando desnudo" (p. 112)[12] y, al mismo tiempo, que está introduciéndose "en un país distinto" (p. 120). Su viaje a tierras desconocidas, con los riesgos que él supone, equivale en un nivel profundo a un viaje hacia dentro de sí mismo.

Al iniciarse la novela, Zama aparece situado, como el mono, dentro de un círculo del que no puede salir. Nostálgico de un pasado aparentemente glorioso —aunque en momentos de lucidez lo cuestione— no logra desprenderse de la máscara con la que enfrenta el mundo. Su identificación con el cargo que tuvo y la idealización de sus virtudes pasadas hacen que proyecte esa imagen hacia el futuro y sólo viva para ella (*Cf.* pp. 14-5). Su posterior viaje en el espacio es, pues, la ocasión para que se rompa la máscara y se produzca el descenso en el inconsciente, que debe preceder —como ya se ha dicho— a la transformación renovadora, o renacimiento, del individuo.[13] Así como Diego descubre que él y sus compañeros inútilmente buscan a un bandido que es uno de ellos mismos, así también se le revela que la solución de sus problemas no está en objetivos lejanos sino en la anterioridad de su propio ser. El siguiente párrafo de Heinrich Zimmer, citado por Mircea Eliade, se aplica a la trayectoria de Zama e ilumina su sentido profundo:

> "El verdadero tesoro, el que pone fin a nuestra miseria
> y a nuestra desgracia, nunca está muy lejos, no es preci-
> so buscarlo en un lejano país, yace envuelto en los
> lugares más íntimos de nuestra propia casa, es decir, de
> nuestro propio ser... Pero ocurre el hecho singular y
> constante que es sólo después de un piadoso viaje en una
> región lejana, en un país extraño, sobre una tierra nue-

[12] Similar significado tiene el hecho de que el protagonista de *Los suicidas* se ve repetidamente desnudo en sueños (pp. 57, 119, 156). También él, como Diego, va al encuentro de sí mismo. La novela concluye con la siguiente reflexión:

"Debo vestirme porque estoy desnudo.
Completamente desnudo.
Así se nace".

[13] *Cf.* Jung, *The Archetypes...*, pp. 19, 114.

va, que el significado de esa voz interior que guía nuestra búsqueda, podrá revelarse a nosotros". [14]

El simbolismo de la naturaleza y el paisaje

El texto de *Zama* es rico en elementos que simbolizan las capas del inconsciente e indican las relaciones cambiantes que el protagonista establece con las mismas. Los símbolos se condensan, especialmente, en la descripción del paisaje. Según Gaston Bachelard, todo paisaje es una experiencia onírica antes de ser un espectáculo consciente, generador de emociones estéticas: "On ne regarde avec une passion esthetique que les paysages qu´on a d´abord vus en rêve". [15] En un estudio sobre "el hombre y el agua en la obra de Roa Bastos", Jean Andreu afirma que "las aguas tienen que inscribirse *primero* en la ficción del texto (la narrativa de Augusto Roa Bastos) para que se pueda hablar *después* del referente (el Paraguay y las aguas paraguayas)". [16] Este criterio es particularmente válido en el caso de *Zama*, cuyo autor también describe, como Roa Bastos, el paisaje paraguayo, pero sin haberlo visto con sus propios ojos, antes de escribir la novela.

El agua está presente desde las imágenes iniciales, y reaparece en varios momentos significativos del relato. Jung ha relacionado este elemento con las profundidades maternales del inconsciente. [17] Así ve en el diálogo de Jesús y Nicodemo una confirmación de su teoría de regresión y trascendencia. Dice allí el Salvador: "En verdad, en verdad te digo: el que no nazca de agua y de Espíritu no puede entrar en el Reino de Dios". [18] En las primeras páginas de *Zama*, el agua atrae y rechaza a la con-

---

[14] Mircea Eliade, *Myths, Dreams and Mysteries* (London: Harvill Press, 1960), p. 245. Versión española citada por Ricci: *Mitos, sueños y misterios* (Buenos Aires: Fabril Editora, 1961), p. 73.

[15] Gaston Bachelard, *L'eau et les rêves. Essai sur l'imagination de la matière* (Paris: José Corti, 1942), p. 6.

[16] *Revista Iberoamericana*, N°s 110-111, En-Jun., 1980, p. 99.

[17] Jung, *Symbols of Transformation*, p. 331.

[18] "Evangelio según San Juan", 3, *Biblia de Jerusalén*.

ciencia del protagonista, quien se identifica con el mono y con los peces que, según Ventura Prieto, "viven apegados al elemento que los repele, ... a pesar de sí mismos" (p. 6). El agua es, pues, materia evocadora de sentimientos conflictivos. De acuerdo a Bachelard, sin esta ambivalencia psicológica no podría encontrarse un doble poético. Es necesario que participen el deseo y el miedo, el bien y el mal, para que el elemento material cautive el alma entera (*L'eau et les rêves*, pp. 16-7). En *Zama* el agua tiene, en efecto, una expresividad ambivalente y diversificada. En la primera escena, el agua estancada simboliza la muerte y la disolución orgánica. Simbolismo parecido tienen, también, "las aguas iguales" donde permanece el barco en que parte Luciana. Bajo una atmósfera que "había suspendido la vida", la nave sostenía "una quietud sin memoria" (p. 101). El simbolismo mortuario de las aguas ha sido analizado por Marie Bonaparte y Gaston Bachelard.[19] En la obra de Edgar Poe, que ambos estudian, ellos señalan la transformación del agua en un elemento impregnado de tinieblas (*L'eau et les rêves*, p. 75), y en una invitación a morir y disolverse en la materia elemental (*Ib.*, p. 77). Los siguientes versos de Paul Eluard, citados por Bachelard, son también ilustrativos de tal simbolismo:

"J'étais comme un bateau coulant dans l'eau fermée
Comme un mort je n'avais qu'un unique element".

Bachelard percibe en ellos la imagen del agua encerrada que toma la muerte en su seno, y muere con ella en su sustancia. El agua es, para el poeta, la materia de la desesperación (*Ib.*, p. 125). Esto explica, pues, la afinidad expresiva que detectamos entre la imagen inicial del mono y la del barco, al concluir la primera parte de *Zama*. Gilbert Durand, en *Les structures anthropologiques de l'imaginaire*, subraya la riqueza de símbolos adscritos a "la morada sobre el agua", ya sea en la forma del arca o en la del barco.[20] La nave es símbolo de partida y de

---

[19] Marie Bonaparte, *Edgar Poe. Sa Vie-Son Oeuvre. Etude Analytique* (Paris: Presses Universitaires de France, 1958). Tres tomos. Gaston Bachelard, *Ob. Cit.*

[20] Gilbert Durand, *Les structures anthropologiques de l': l'imaginaire* (Paris: Presses Universitaires de France, 1963), p. 266.

muerte, pero también lo es de encierro y de refugio acogedor. Transformada en morada, ella se vuelve cuna mecida por las aguas maternales. El agua, comenta Bachelard, es el único de los cuatro elementos que puede mecer, como una madre. "L'eau nous porte. L'eau nous berce. L'eau nous endort. L'eau nous rend notre mère" (*Ob. Cit.*, p. 178). En *Zama*, no sólo el agua sino todo el paisaje adquiere una calidad maternal. Ya no "infantil" y arrobadora como al comienzo del relato, la naturaleza que sirve de testigo a la partida de Luciana es descrita con expresiones que subrayan su carácter femenino y maternal:

> "Faltaba luz, por las nubes cerradas, que *no cuidaban*
> el cielo, sino el suelo, de tan descendidas. Las pal-
> meras *acongojaban* sus verdes. El azul *toleraba*, sin
> batalla, la corrosiva infiltración del gris. *Grávida*
> de humedad, *posesiva*, la atmósfera había suspendido la
> vida. Surto en las aguas iguales, sostenía el barco
> una quietud sin memoria" (p. 101).

Según Ricci, estas "expresiones plásticas captan la tristeza de la 'madre' que no ha logrado provocar el renacimiento del 'hijo' " (*Ob. Cit.*, p. 41).

El agua estancada puede ser, también, imagen del mal, y asociarse a otra figura simbólica de signo parecido: la serpiente. Esto ocurre, por ejemplo, en la tercera parte, cuando la expedición de Diego entra en zona de esteros. El capitán Parrilla no permite a sus hombres que beban de las aguas porque las sospecha insalubres (p. 171). Poco después aparece una víbora (p. 173) y, casi inmediatamente, se presenta Vicuña Porto, un hombre perseguido por las autoridades y temido por Diego. Sin embargo, otras imágenes acuáticas de signo distinto surgen, también, a través del texto. El agua del arroyo en que se bañan las mujeres desnudas es un agua viva, ligada a las pulsiones del deseo erótico. La escena es obviamente excitante para la sexualidad reprimida del personaje. También a la categoría de agua viva pertenecen las lluvias que producen la creciente del río. Este es descrito con términos eróticos ("el lamedor de la gula incesante"). Por otra parte, el río está asociado en el curso de la novela con el destino de sus personajes. La vida de Diego está marcada por el arribo y salida de barcos, portadores y emisarios de mensajes y cartas de recomendación. Por río debe llegar el nunca recibido nombramiento para mejor cargo y destino.

De valor simbólico son, también, el sol y la luna, que aparecen repetidamente en las imágenes del texto. El primero está asociado, en algunos casos, con la libido en actividad, y hace surgir a los ya mencionados animales simbólicos. Por ejemplo: "Me empujó el sol" (p. 7) desemboca en la visión del puma, y precede a la escena del baño de las mujeres. La conducta agresiva del marido de Luciana es equiparada a "un meteoro de sol" (pp. 9, 18). La luna, por otra parte, se relaciona con la concepción cíclica del tiempo. Según Eliade, el simbolismo lunar presenta, en numerosos mitos y ritos, una imagen arquetípica de la eterna repetición del nacimiento, la muerte y la resurreccion (*Images and Symbols*, pp. 72-3). En *Zama*, las referencias a imágenes lunares tienden a señalar situaciones en las que el personaje busca una reactivación de la libido y, en general, de su posibilidades vitales. Los siguientes ejemplos son ilustrativos al respecto: "Pude maravillarme del señorío solitario de la luna y ... sentirme predispuesto a igualarla ante cualquier situación de prueba" (p. 15). "... el planteamiento del futuro que me hice asistido por la luna ..." (p. 21). "Ya la noche estaba demasiado densa, pesado el cielo, con esa gravidez que precede a la diafanidad cuando está por subir la luna. .... La noche estaba compacta, dura, y me comunicaba su energía" (p.58). En una noche lunar es concebido el hijo de Diego y Emilia. Finalmente, cuando Zama se aproxima a la casa de "la mujer vespertina", el texto describe así la escena: "La vida humana, en el lugar, parecía casi extinguida. Era la costra de la luna con cuatro casas" (p.145).

Para continuar analizando las imágenes y símbolos de la novela es necesario recordar, nuevamente, el conflicto de su protagonista. Al finalizar la primera etapa narrativa luego de la partida de Luciana, Diego está aún aferrado a su yo aparencial. Ansioso por lograr un reconocimiento cada vez más remoto, comienza a intuir, sin embargo, que su problema reside en él mismo. Siente que algo, en su interior, anula las perspectivas exteriores, que está dominado por "una poderosa negación", superior a cualquier aplicación de sus fuerzas, y que es "como si hubiera andado largo tiempo hacia un previsto esquema y estuviese ya dentro de él" (pp. 102-3). En la segunda parte, Diego continúa desligándose de personas y de cosas. Ya ha vendido su caballo y sus armas. Rompe, ahora, todo vínculo afectivo con el pasado (su madre, Marta, etc.), y se libera, sin remordimientos, de su responsabilidad hacia Emilia y el hijo de ambos. Cada vez más ensimismado, vive en un mundo en el que se confunden los límites entre realidad e irrealidad. La casa de Ignacio Soledo, en la que Zama se hospeda, provee una atmósfera de misterio, con presencias enigmáticas que él no puede identificar. El patio al que miran las habitaciones lo atrae con fuerza irresistible. Sabe, sin embargo, que él sólo es su propio espacio interior: "Pasé el patio, *que estaba para mí*" (p. 133). "Yo sabía que no estaba tras la puerta, sino *en mí*, y que cobraría vigencia sólo cuando yo estuviese en él" (p. 141). Desde ese patio que es símbolo de su inconsciente, surge la joven de los bucles y el vestido rosa, en repetidas pero fugaces visiones (pp. 121, 128, 141, 153). Estas corporizan la imagen arquetípica de la viajera desconocida que aparece en los sueños de la primera parte. Pero no es ella, sino una mujer madura, quien viene a acompañarlo: "Peineta. Edad sin flores. Un afecto compasivo .... Todo muy definido, sin reservas, sin misterio" (p. 159). Aunque decepcionado, Diego la escucha "como predispuesto a un canto revelador que viniera del bosque" (p. 160). Este último es uno de los símbolos del inconsciente que recorre la novela. Su significado, sobre el cual volvemos, se esclarece aún más en la tercera parte. El texto indica que "ella" (Lucrecia) está dentro de Diego mismo; sus besos lo llevan a su desconocido interior, "adonde no sé, ni nada hay, nada es. Todo se negaba" (p. 163). Según la interpretación de Ricci, Lucrecia es el *anima* o parte femenina de la psiquis de Zama. El temor que ella manifiesta, en su diálogo con éste (pp. 160-1), "es el miedo de Zama... que precede a la entrada en el bosque, a la absorción en la Conciencia Cósmica, a la fusión de *animus* (Z) y *anima* (L)" (*Ob. Cit.*, p. 52). Interpretación justificada, ya que la siguiente etapa de la narración es, precisamente, aquélla en la que el protagonista emprende el viaje que lo conduce al interior del bosque.

Al iniciarse esta última parte de la novela, el texto reitera sus imágenes acuáticas. Vicuña Porto, en cuya persecución sale la expedición de Diego, es equiparado al río, "pues con las lluvias crecía. Cuando las aguas .... se derramaban sobre la tierra, se hinchaba la lengua larga de la corriente, mientras Vicuña Porto escapaba de aquellos suelos asiduamente mojados" (p. 166). El río es un "lamedor" de "gula incesante" y es culpable, como el perseguido Vicuña. El grupo de Diego orillea el bosque. Este, dice el texto, "quedaba allí, al costado, al margen de nosotros o nosotros al margen de él. Después parecía seguirnos; no cesaba de fluir a nuestro lado" (p. 168). La ruta los va introduciendo en los intricados bosques de *y-cipó*. Diego se entera, entonces, de que Vicuña es uno de ellos, sus perseguidores, pero lo oculta. Ambos trabajan, uno al lado del otro, para "abrir el bosque" (p. 188). La víbora (p. 173) y la culebra (p. 189) que aparecen en esta parte del relato pueden también interpretarse como manifestaciones del inconsciente. Superados sus temores, Diego penetra en el bosque. Su yo consciente aún resiste, sin embargo, y lo impulsa a delatar a Porto, con quien no quiere identificarse. Por esta inconsistencia y por su falta de fe en una realidad trascendente, representada por los "cocos", Zama sufrirá un castigo. Pero no será eliminado como el capitán Parrilla, cuya espada "no podía tajear el dibujo" del bosque (p. 190). Incapaz de trasponer los límites de su conciencia Parrilla es, significativamente, arrojado al "río" por Vicuña y sus hombres (p. 201).

El Niño Rubio

En las páginas finales de *Zama* aparecen los ya mencionados ciegos, quienes llegan en caravana, conducidos por sus hijos videntes. Antes de que éstos crecieran, los padres habían vivido en un estado de inocencia paradisíaca: "No existía la vergüenza, la censura y la inculpación; no fueron necesarios los castigos" (p. 198). La breve descripción sugiere una pureza originaria, la que asociamos con la condición del hombre primordial antes de la "caída". El tema es retomado, y encuentra mayor desarrollo —como ya indicamos— en "Onagros y hombre con renos". Según la novela, la mirada de los hijos destruye ese estado de inocencia e introduce el desasosiego entre los adultos. La referencia a la perdida condición primigenia en este punto del relato es reveladora, ya que se introduce poco antes de que el personaje sea sometido al rito de pasaje cuyo éxito requiere un previo regreso a esa condición. Zama acepta la muerte, en la que ve una liberación de la servidumbre a su yo ficticio, y en la que busca, también, una recuperación de la inocencia original. Sólo se hunde, sin embargo, en una temporaria "muerte simbólica" y "renace", con la ayuda del Niño Rubio, sin haber podido trasponer —como dice Ricci— las fronteras del "reino" (*Ob. Cit.*, p. 79). Recordemos que, para esta autora, el Niño Rubio simboliza "la Conciencia en estado puro, atemporal (en un plano ontológico, el Espíritu divino del hombre)" (*Ib.*, p. 21). El Niño Rubio es, según ella, un arquetipo hacia el cual gravita el protagonista. El encuentro final de ambos "no llega a la transubstanciación", pero pone de manifiesto que "Zama ha logrado horadar los circuitos profundos del inconsciente". Habiendo integrado "los aspectos masculino y femenino de su conciencia, Zama se erige en hombre total, con la madurez espiritual que ello involucra" (*Ib.*, p. 68).

El Niño Rubio, de acuerdo a la interpretación citada, corresponde al arquetipo que aparece, según Jung,[21] durante el proceso de individuación. El "niño" prepara el camino para el futuro cambio de personalidad, anticipa la figura que resulta de la síntesis que une los opuestos, que produce una "síntesis" o "entelequia". El "niño dios", especialmente en afinidad cercana con el animal simbólico (en nuestro caso el mono), personifica el inconsciente colectivo que no está aún integrado dentro de un ser humano. El joven "héroe", en cambio, incluye la naturaleza humana dentro de su condición sobrenatural, y representa así una síntesis del inconsciente "divino", esto es, no humanizado, y de la conciencia humana. Su aparición señala, por consiguiente, que el proceso de individuación está acercándose a la totalidad. Para la conciencia escindida entre irreconciliables opuestos, este símbolo unitivo tiene una significación redentora. Debemos aclarar, por otra parte, que esta interpretación del Niño Rubio no involucra una contradicción con respecto a la ofrecida en el capítulo 3, donde vimos en esa figura una representación del español, material y espiritualmente desheredado, en suelo americano. La condición de abandonado, y expuesto al

---

[21] Jung, *The Archetypes...*, pp. 164-8.

peligro, forma parte de la representación tradicional del "niño" y sirve para indicar sus orígenes humildes.[22] Paradójicamente, los mitos relacionados con el "niño" lo presentan, por una parte, como indefenso ante el poder de terribles enemigos pero, al mismo tiempo, poseedor de poderes que exceden en mucho los de la común humanidad y le permiten superar todos los peligros. El Niño Rubio de la novela exhibe, en efecto, las señas de una existencia precaria junto con la invencibilidad y los manifiestos poderes salvadores, correspondientes al mencionado arquetipo. La universalidad de este símbolo no contradice, pues, sino que se apoya en la figura circunstanciada, de la que antes nos ocupamos.

Aceptamos, pues, la interpretación de Ricci, según la cual el Niño Rubio es, en *Zama*, una presencia redentora. No creemos, sin embargo, que el texto dé suficiente base para justificar sus conclusiones respecto de la transformación y destino del protagonista. Como ya dijéramos, el final de la novela no ofrece evidencia de que Diego haya realizado con éxito el rito de pasaje. Sólo resulta obvia su permanencia en este nuestro imperfecto mundo humano. El autor nos deja en la duda de que, en verdad, haya ocurrido una transformación radical del personaje. Concordamos, sin embargo, con la citada autora en afirmar que la obra expresa una aspiración a "lograr, y trascender el Sentido de la existencia" (*Ob. Cit.*, p. 21). Las imágenes y los símbolos del texto, que hemos analizado, son el vehículo expresivo que trasmite, con profundidad enriquecedora, los interrogantes y angustias existenciales del novelista.

---

[22] *Ibid.*, p. 170.

Consideraciones finales

Según Octavio Paz, la literatura hispanoamericana busca, desde su desarraigo y cosmopolitismo, el rescate de una tradición. En su nivel más alto, las obras de sus escritores representan una "voluntad de encarnación", una aspiración de la literatura a ser la fundadora de un mundo todavía inédito.[1] Creemos que este impulso también alienta en las páginas de *Zama*, en su evocación plasmadora de una alejada realidad histórica. Descubrir e inventar el pasado, ya sea éste el México pre-hispánico de la poesía de Paz y la ficción de Fuentes, o el Paraguay colonial de nuestra novela es, en efecto, re-establecer las bases de la propia realidad. En los capítulos anteriores hemos mostrado cómo Di Benedetto trabajó, para lograr su objetivo, con textos y datos procedentes de la época que recrea. Señalamos, al mismo tiempo, el carácter imaginativo de la obra, cuya prosa está libre de excesos eruditos y no delata propósitos extra-novelescos. A despecho de una declarada despreocupación, por parte del autor, en cuanto a posibles anacronismos o imprecisiones, su reconstrucción de época corresponde fundamentalmente a la verdad histórica. El texto es anacrónico, sin embargo, ya que él pertenece al momento de concepción de la novela. Es evidente que el novelista ha realizado su evocación del pasado colonial hispanoamericano movido por ideas y preocupaciones que son contemporáneas de la escritura de su obra. El encuadre de *Zama* en la última década del siglo XVIII es, por ello, una elección afortunada. No sólo es éste

[1] Ver Octavio Paz, "Literatura de fundación", en *Puertas al campo* (Barcelona: Seix Barral, 1972).

Malva E. Filer

un período histórico para el cual existen excelentes y accesibles fuentes de información, las cuales han facilitado la tarea del escritor. La época aludida, con sus cambios políticos e institucionales provee, además, un clima de transistoriedad y de crisis que es marco adecuado al drama existencial y americano del protagonista.

Di Benedetto transforma a su Asesor Letrado en anti-héroe de un drama existencial. Pero éste es un drama tanto individual como colectivo, ya que él involucra los conflictos subyacentes en la problemática identidad hispanoamericana. A nivel más profundo, sin embargo, penetramos en el simbolismo por el que todo texto trasmite, a través de sus imágenes, las emociones y los impulsos primordiales de la universal condición humana. Las aguas estancadas sobre la planicie paraguaya no sólo son, entonces, una característica geográfica mencionada por exploradores y cronistas. Ellas configuran, también, una imagen arquetípica de la muerte. El bosque de *y-cipó*, en cuya descripción detectamos la elaboración de un texto de Azara es, al mismo tiempo, un símbolo del inconsciente. En él debe introducirse Diego para recuperar su propia interioridad y cumplir el proceso psíquico de individuación. El Niño Rubio puede ser, como sugerimos, vehículo para trasmitir las preocupaciones étnicas y socio-culturales del criollo Zama. Pero esta figura puede interpretarse, también, como un símbolo representativo de la síntesis del inconsciente y la conciencia, como un personaje de significación redentora. El propio protagonista participa, asimismo, de esta multiplicidad de sentidos que caracteriza a la novela. Diego es un hispanoamericano del siglo XVIII, y también de nuestro tiempo. El es, simultáneamente, un individuo en crisis cuyos problemas derivan, no sólo de las circunstancias históricas aludidas por la obra, sino también de la escisión que define al ser humano, en conflicto consigo mismo a través de su experiencia milenaria. Estas distintas dimensiones convergen y se interpenetran en "el espacio dialógico de los textos"[2] que es el texto de la novela.

No hemos pretendido agotar las posibilidades interpretativas que ofrece *Zama*, de Antonio Di Benedetto. Creemos, sí, que

---

[2] Ver Julia Kristeva, *Ob. Cit.*, p. 120.

el método de enfoques sucesivos utilizado en nuestro estudio, es el que mejor responde a las características de la obra. El camino recorrido nos ha llevado, pues, desde la especificidad del escenario físico e histórico de la novela al contexto cultural, más amplio, contemporáneo de su escritura. Finalmente llegamos al simbolismo del texto, nivel en el cual se expresa su sentido universal.

Obra publicada por Antonio Di Benedetto

Novelas:

El pentágono, 1a. ed. (Buenos Aires: Ediciones "Doble P", 1955)
  2a. ed., revisada por el autor, con el título de
  Annabella (Buenos Aires: Ed. Orión, 1974)

Zama, 1a. ed. (Buenos Aires: Ediciones "Doble P", 1956)
  2a. ed. (Buenos Aires: Centro Editor de América Latina, 1967)
  3a. ed. (Barcelona: Ed. Planeta, 1972)
  4a. ed. (Barcelona: Círculo de Lectores, 1974/5)
  5a. ed. (Madrid: Ed. Alfaguara, 1979)

El silenciero, 1a. ed. (Buenos Aires: Ed. Troquel, 1964)
  2a. ed. (Buenos Aires: Ed. Orión, 1975)

Los suicidas (Buenos Aires: Ed. Sudamericana, 1969)

Traducciones de *Zama*:

Und Zama wartet (Tübingen und Basel: Horst Erdmann Verlag, 1967)
Zama (Paris: Denoël, 1976)
Zama (Torino: Einaudi, 1977)
Zama (Polonia: Wydawnistwo Literackie, 1977)

Traducción de *El silenciero:*

Stille (Frankfurt am Main: Suhrkamp Verlag, 1968)

Volúmenes de cuentos:

Mundo animal, 1a. ed. (Mendoza Ed. D'Accurzio, 1953)
  2a. ed. (Buenos Aires: Ed. Fabril, 1971)

Grot, 1a. ed. (Mendoza: Ed. D'Accurzio, 1957)
  2a. ed., con el título de *Cuentos claros* (Buenos Aires: Ed. Galerna, 1969)

Declinación y Angel, ed. bilingüe, en español e inglés (Mendoza: Ed. Biblioteca San Martín, 1958)

El cariño de los tontos (Buenos Aires: Ed. Goyanarte, 1961)

Two Stories, ed. bilingüe, en español e inglés (Mendoza: Ed. Voces, 1965)

El juicio de Dios (Buenos Aires: Ed. Orión, 1975)

Absurdos (Barcelona: Ed. Pomaire, 1978)

Caballo en el salitral (Barcelona: Ed. Bruguera, 1981). Antología de cuentos, con comentarios introductorios de Jorge Luis Borges, Julio Cortázar y Manuel Mujica Láinez.

Cuentos publicados en diarios y revistas, no incluidos en los volúmenes arriba citados:

"Asignación sucesiva de un sueño", *Versión*, N^O 1 (Mendoza, 1958)
"Parábola del deseo, la maceración y la esperanza", *Ficción*, N°s 24-25 (Buenos Aires, 3-6/60)
"Reunión en Nochebuena, de gente que sueña", *Femirama* (Buenos Aires, 12/67)
"Cajas o Abel", *La Prensa* (Buenos Aires, 2/4/78)
"Relojismos", *La nueva estafeta* (Madrid, 7/79)

Lista parcial de Antologías, en español y en otros idiomas, que incluyen cuentos de Di Benedetto:

Antología del joven relato latinoamericano (Buenos Aires: Ed. Fabril, 1972)

35 cuentos breves argentinos. Siglo XX (Buenos Aires: Ed. Plus Ultra, 1973)

Mi mejor cuento (Buenos Aires: Ed. Orión, 1975)

Así escriben los argentinos (Buenos Aires: Ed. Orión, 1975)

Antología de la prosa poética argentina (Buenos Aires: Ed. Kapelusz, 1976)

10 narradores argentinos (Madrid: Ed. Bruguera, 1977)

Der Weisse Sturm und andere argentinische Erzählungen (Tübingen und Basel: Horst Erdmann Verlag, 1972)

Lateinamerika-Stimmen eines Kontinents (Tübingen und Basel: Horst Erdman Verlag, 1974)

Latinoamericana. 75 narratori (Firenze: Ed. Vallecchi, 1974)

Giant Talk. An Anthology of Third World Writings (New York: Random House, 1975)

Bibliografía sobre Di Benedetto y su obra

Libros y colecciones de ensayos críticos:

— Bajarlía, Juan-Jacobo, *Historias de monstruos* (Buenos Aires: Ed. Galerna, 1969)
— Barufaldi, Rogelio; Boldori, Rosa; Castelli, Eugenio, *Moyano-Di Benedetto-Cortázar* (Rosario, Santa Fe: Crítica 68 y Colmegna, 1968)
— Filer, Malva E., "Estructura y significación de *Annabella* de Antonio Di Benedetto", *The Analysis of Literary Texts*, ed. por Randolph D. Pope (Ypsilanti, Michigan; Bilingual Press, 1980)
— Filer, Malva E., "Los animales simbólicos de Antonio Di Benedetto", *Requiem for the "Boom" — Premature?*, ed. por Rose S. Minc y Marilyn Frankenthaler (Upper Montclair, New Jersey: Montclair State College, 1980)
— Jitrik, Noé, *La nueva promoción* (Mendoza: Biblioteca San Martín, 1959)
— Lorenz, Günter W., *Diálogo con América Latina* (Valparaíso: Ed. Pomaire, 1972
— Ricci, Graciela, *Los circuitos interiores. ZAMA en la obra de A. Di Benedetto* (Buenos Aires: Ed. F.G. Cambeiro, 1974)
— Ulla, Noemí, "*Zama*: la poética de la destrucción". En *Nueva Novela Latinoamericana* II, dirigida por Jorge Lafforque (Buenos Aires: Ed. Paidós, 1972)

Revistas:

— Arias, Abelardo, "Orígenes y concordancias argentinas de la Nueva Novela francesa", *Davar*, Nº 100 (Buenos Aires, 1964)
— Bajarlía, Juan-Jacobo, "Antonio Di Benedetto y el Objetivismo", *Comentario*, Nº 49 (Buenos Aires, 1966)
— Boldori, Rosa, "Antonio Di Benedetto y las zonas de contacto en la literatura", *Revista de la Facultad de Filosofía*, Nº 8 (Rosario, Santa Fe, 1969)
— Dapaz Strout, Lilia, "Viaje al ser de un silenciero", *Megafón*, Año II, Nº 3 (Buenos Aires, 1976)
— Dumas, Norma, "*Zama*", *Comentario*, Nº 17 (Buenos Aires, 1957)
— Fevre, Fermín, "Valoración de *Zama*", *Criterio* (Buenos Aires, 26/10/72)
— Gandolfo, Elvio, "La novela nueva en Argentina", *El lagrimal trifulca*, Nº 3 y4 (Rosario, Santa Fe, 3/69)
— Gigli, Adelaida, "*Zama*", *Bibliograma*, Nº 17 (Buenos Aires: Instituto Amigos del Libro Argentino)
— Guzmán, Flora, "Entre lo thanático y lo erótico", *La nueva estafeta* (Madrid, 1977)
— Mac Adam, Alfred J., "*Zama*", *World Literature Today*, Vol. 54, Nº 1 (Norman: Univ. de Oklahoma, 1980)
— Miguel, María Esther de, "*El silenciero*", *Femirana* (Buenos Aires, 9/65)
— Miguel, María Esther de; Gómez Paz, Julieta; Crespo, Julio; Loubet, Jorgelina: "Aproximación a la obra de Antonio Di Benedetto", *Nueva Crítica*, No 1 (Buenos Aires, 1970)
— Nallim, Carlos Orlando, "*Zama*: entre texto, estilo e historia", *Anales de Literatura Hispanoamericana* (Madrid: Universidad Complutense, 1972)
— Pla, Roger, "Existe una literatura argentina", *Revista de cine* (Buenos Aires: Instituto Nacional de Cinematografía, 1965)
— Puertolas, Ana, "*Zama*", *Revista de Occidente* (Madrid, 4-6/80)

— Ruiz Díaz, Adolfo, "La segunda acción de *Zama* (1967)", *Revista de Literaturas Modernas*, Nº 7 (Univ. de Cuyo: Instituto de Letras, 1968)
— Sola, Graciela de, "Anotaciones sobre literatura actual de Mendoza", *Lyra*,

Nº 201-203 (Buenos Aires, 3/67)
— Sola, Graciela de, "Antonio Di Benedetto, documentalismo y poesía", *Señales*, Nº 166 (Buenos Aires, 3er. trimestre de 1969)
— Solero, F J., *"Zama", Ficción*, Nº 8 (Buenos Aires, 1957)
— Soto, H. A., *"El pentágono", Atlántida* (Buenos Aires, 11/55)
— Zaragoza, Celia, "Antonio Di Benedetto, boom literario", *El Urogallo* (Madrid, 9-10/72)
— Zaragoza, Celia, "Antonio Di Benedetto" (reportaje), *Crisis* (Buenos Aires, 12/74)
— Lorenz, Günter W., "Die Literatur del Klopfzeichen", *Die Welt* (Hamburgo, 1977)
— Luzi, Mario, "Zeno nella pampa", *Il Giornale* (Milano, 16/10/77)
— Martínez, David, "Presencia de un narrador mendocino", *La Nación* (Buenos Aires, 14/7/63)
— Mauro, Walter, "Di Benedetto: scoprirsi scrittore ascoltando storie di emigrati", *Il Tempo* (Roma, 11/79)
— Neyra, Joaquín, "En un ámbito de pesadilla las más extrañas historias", *La Razón* (Buenos Aires, 26/2/72)
— Pagés Larraya, Antonio, *"Zama", La Razón* (Buenos Aires, 29/12/56)
— Perroud, Roberto, "Cinco opiniones de Robert Perroud", *Clarín* (Buenos Aires, 1/10/64)
— Piñol, Joaquín, "Narrativa Trascendente", *La Prensa* (Buenos Aires, 9/4/72)
— Puccini, Dario, "Un 'eroe' racconta il suo fallimento", *Paese Sera* Roma, 8/7/79)
— Rezzano, Arturo, "Otro feliz ejemplo narrativo", *Clarín* (Buenos Aires; 17/4/69)
— Rosa, Nicolás, "Búsquedas y logros de dos escritores argentinos", *La Opinión* (Buenos Aires, 1979)
— Sáenz Quesada, María, *"Los Suicidas", Clarín* (Buenos Aires, 3/7/69)
— Sola, Graciela de, "Un narrador frente a los laberintos", *Clarín* (Buenos Aires, 27/3/69)
— Sola González, Alfonso, "Síntesis de una conferencia sobre *Mundo animal"*, *Los Andes* (Mendoza, 22/8/70)
— Zaragoza, Celia, *"Mundo animal", La Nación* (Buenos Aires, 26/12/71
— Zaragoza, Celia, *"Zama*, de Antonio Di Benedetto. Un premio nada absurdo", *La Prensa* (Buenos Aires, 25/2/78)
— Zaragoza, Celia, "Antonio Di Benedetto: 'El instinto de muerte es tema permanente en mis libros' ". *El País* (Madrid, 14/1/79)
— Galán Lorés, Carlos, *"Zama", Alerta* (Santander, 14/7/79)
— García Lao, Ambrosio, "A las víctimas de la espera", *El País* (Madrid, 18/7/79)
— Ghiano, Juan Carlos, "Nueva visión de lo cotidiano", *La Prensa* (Buenos Aires, 19/10/58)
— Gorlieri, Claudio, "Incubo e violenza nel boom dell' America Latina", *Corriere Della Sera* (Milano, 16/8/77)
— Gregorich, Luis (sobre el autor), *La Opinión* (1977)
— Horst, Karl August (sobre *Zama*), *Stuttgarter Zeitung* (6/12/67)
— Lorenz, Günter W., *"Und Zama warter", Die Welt* (Hamburgo, 28/3/68)
— Lorenz, Günter W. y el Dr. E. Rudolph, *"Und Zama warter", Süddeutscher Rundfunk* (Stuttgart, 24/9/68)

Diarios:

— Alonso, Rodolfo, "El ejercicio del pudor", *La Gaceta* (Tucumán, 6/4/69)
— Arias, Abelardo, "Panorama de una literatura de ficción", *La Nación* (Buenos Aires, 13/4/58)
— Arias, Abelardo, "Los tropismos de Nathalie", *Clarín* (Buenos Aires, 1/6/67)
— Armani, Horacio, "Inquisición sobre un enigma", *La Nación* (Buenos Aires, 13/7/69)
— Bajarlía, Juan-Jacobo, "Di Benedetto o la Muerte del Hombre", *Clarín* (Buenos Aires, 8/2/73)
Beier, Erwin, *"Und Zama wartet", Neue Volksbildung* (Viena, 1968)
— Bianchini, "Cervantes in Sudamerica", *La Stampa* (Torino, 29/4/77)
— Bungert, Alfons, *"Stille", Saarbrüchen Zeitung* (29/9/68)
— Chan, Alfredo, *"El silenciero", La Voz del Interior* (Córdoba, 14/11/65)
— Cahn, Alfredo, *"Los suicidas", La Voz del Interior* (Córdoba, 11/1/70)
— Carrera, Margarita, "De Cervantes a Di Benedetto", *El imparcial* (Guatemala, 11/8/79)
— Catonia, Carlos, "Di Benedetto: *Absurdos*", *La Nación* (San José de Costa Rica, 16/9/79)
— Cavazzana, Rosanna, *"El silenciero", La Nación* (Buenos Aires, 4/4/65) D. Arcangelo, Lucio, "Una metafora dell' attesa", *L'osservatore romano (Cita del Vaticano, 16/5/79)*

INDICE

23-III-82 1 000 ejemplares
Cuéllar Cavallari, S.A.
México, D.F.